Moi, homophobe !

Le jour où mon fils
m'a révélé son homosexualité

Anna Ghione

Moi, homophobe !

Le jour où mon fils
m'a révélé son homosexualité

Michalon Éditeur

9, rue de l'École-Polytechnique – 75005 Paris
ISBN : 978-2-84186-717-2

*Cher Monsieur**,*

Pour vous écrire, il me fallait du temps et de l'envie. Ce temps, je l'ai, assis sur le fauteuil partiellement confortable de ma chambre d'hôpital. Quant à l'envie, je l'ai toujours eue. Avant de poursuivre, il me faut me présenter à vous. Je suis Alexandre, le fils d'Anna.

Bien heureusement, je suis plus que le « fils de ». La vie d'Alexandre qui sera racontée dans le livre d'Anna est bien moins riche que ma vie actuelle. Les peines, les réussites, les joies racontées dans ce livre sont des événements passés qui ne me racontent pas. Ou plus. Je suis autre chose que la somme de ces témoignages.

Voilà pourquoi j'encourage Anna à continuer et à aller le plus loin possible avec ce livre. Au-delà de parler de soi, ce livre sera un outil, un support, une aide pour celles et ceux qui sont touchés par l'angoisse d'une homosexualité réelle ou fantasmée de leur proche (enfants, petits-enfants, parents, amis). Parce que j'ai été touché par plusieurs histoires d'homophobie familiale ou professionnelle, et aussi parce que j'ai en horreur l'injustice et l'humiliation (qui sont pour moi les pires des maux), je milite au sein d'une association de lutte contre l'homophobie et d'aide aux victimes.

C'est par cette association (Homogène) que j'ai proposé à Anna de prendre en charge le groupe de parole pour parents d'homo, bi et transsexuel. L'audience de ce groupe de parole est allée au-delà de mes espérances.

J'ai la chance et le privilège de vous écrire pour vous remercier de votre confiance envers ma mère et son engagement. Je vous suis également très reconnaissant pour l'aide que vous apportez à notre combat.

En réalité, ce n'est pas contre l'homophobie, la biphobie ou la transphobie que nous luttons. C'est pour rétablir de la bienveillance entre les hommes et permettre leur réconciliation.

C'est là l'essence même de ce qui m'a fait tenir. Et je crois deviner que cet idéal vous anime, au-delà de tout aspect mercantile.

J'ai pris la décision de ne lire le livre d'Anna qu'après sa sortie. Cela pour éviter qu'elle lise sur mon visage des sentiments qu'elle prendrait pour elle, bloquant ainsi son processus d'écriture.

Il est primordial à mes yeux qu'elle puisse écrire tout ce qui lui paraît important de raconter. Que ce soit Anna ou vous, vous avez toute ma confiance. La bienveillance commence par là.

« Au bout de six semaines, dorée d'un bel été,
L'abeille rayée,
Avide encore d'autres roses et de sentiers
Ensoleillés de doux trèfles,
Meurt,
Croyant que les fleurs sont éternelles. »

Hortense Flexner
(poème traduit par Marguerite Yourcenar)

Le témoignage d'Anna sera une trace durable d'un message vivant.

C'est avec émotion et sincérité que je vous remercie de permettre à cette parole de porter plus loin qu'un bel été de lutte en faveur de l'humain.

Alexandre

* Lettre manuscrite adressée à Yves Michalon le 11 juillet 2013.

Le jour où…

Je ne peux pas y croire. Je suis sonnée, abasourdie, dévastée. Mon fils est homosexuel. Oui, homosexuel. Le ciel me tombe sur la tête. Comment est-ce arrivé ? Pourquoi mon fils ? Pourquoi nous ? Qu'ai-je fait de mal ? L'ai-je mérité ? Suis-je punie ? Tout à l'heure encore, je pensais combien j'avais de la chance d'avoir un enfant si facile, et combien la vie était simple avec mon Alex… Mais c'était avant, avant cette terrible journée où tout a basculé, avant l'arrivée de ce garçon à la maison. Je voudrais tout effacer. Revenir en arrière. Ce doit être un mauvais rêve, ce n'est pas réel. Pas mon fils, pas lui…

*

*   *

Ce samedi de juillet 2002, ma tête était prise dans un étau, mon cœur allait sortir de ma poitrine.

Quelle était cette douleur qui me tordait le ventre ? Pourquoi est-ce que je pleurais ainsi ? Je ne contrôlais même plus mon corps.

Moi qui me croyais si tolérante, si aimante... Moi qui ne supportais pas que l'on puisse rejeter quelqu'un pour sa différence ! Pourquoi une telle réaction ? Pourquoi étais-je dans un tel état ?

Pourtant, cette journée s'annonçait comme une belle journée. Le temps était magnifique, le soleil brillait sur notre pays du Perche et les oiseaux chantaient.

La vie était agréable là-bas. Le jardin entourait notre longère entièrement rénovée, et la terrasse prolongeant le salon était exposée plein sud ; dès que le soleil nous rendait visite, nous y passions l'après-midi. Ses briques rouges gardaient la chaleur, j'adorais y marcher pieds nus. Elle était si grande qu'elle accueillait une table de jardin, deux transats et deux chaises longues. Elle servait aussi de salle de jeux à notre petit Salomon qui faisait rouler ses camions entre les meubles de jardin et garait ses tracteurs bien en ligne. Avec le barbecue en pierre, cette terrasse était un bel endroit pour prendre le repas en compagnie d'amis. Et nous nous préparions justement à accueillir un nouveau copain d'Alexandre, qu'il avait connu par Internet grâce à leur passion commune pour l'Égypte.

Alexandre, mon fils aîné, allait avoir 17 ans. J'étais mariée à Alain, son père adoptif. Nous nous étions unis en 1990 alors qu'Alex, né de mon premier mariage, avait 5 ans, puis Alain et moi avions donné naissance à Mélissa et Salomon.

Alex et Alain s'apprêtaient à prendre la voiture pour aller chercher le fameux ami à la gare. Depuis un an, mon fils pratiquait la conduite accompagnée. Et il se débrouillait plutôt bien. Nous lui laissions donc volontiers le volant. Nous avions entièrement confiance en lui.

Cette journée est à jamais gravée dans ma mémoire. Je me souviens de chaque mot, de chaque intonation, de chaque geste, de chaque expression…

M'apercevant installer la table du déjeuner sur la terrasse, Alexandre s'étonna :

– On mange dehors, maman ?

– Avec le temps qu'il fait, ce serait dommage de rester à l'intérieur !

– Y a tout le temps des guêpes qui viennent, ça me gâche le repas à chaque fois.

– C'est parce que tu en as peur qu'elles s'en prennent à toi… T'inquiètes, on va sortir le fusil, elles feront un détour !

– Ça, c'est une blague digne de papa, ça…

Mon fils a toujours appelé Alain, mon second mari, « papa ».

L'ambiance était bon enfant. J'étais détendue, sereine, comme toujours. Qu'est-ce qui aurait pu gâcher cet agréable moment ? Mélissa, notre fille de 11 ans, ramassait des fleurs du jardin pour la décoration de table. Souvent, lorsque nous déjeunions dehors, elle mélangeait pâquerettes, pissenlits et autres brindilles en y ajoutant parfois quelques-unes de mes roses préférées. Je n'osais pas la couper dans son élan même si cette touchante attention salissait la table et le sol. Je souris en la voyant déposer le bouquet dans un verre trop rempli qui menaçait de se renverser. Notre petit dernier, Salomon, dormait profondément dans sa chambre. À 2 ans, c'était notre petit roi. Né l'année de mes 40 ans, en 2000, il avait été la surprise de notre Saint-Valentin. Son frère et sa sœur l'adoraient. D'ailleurs, nous nous adorions tous. Une famille unie, où chacun portait un regard bienveillant sur l'autre…

Mélissa désigna l'assiette qu'elle venait de déposer sur la table.

– Moi, je veux me mettre là !

– Non, tu te mettras où on te dira, y a un invité aujourd'hui, tu verras bien où tu seras placée, lui répondit Alex.

– Ah bon ? C'est qui ?

– Un copain à moi, et tu as intérêt à ne pas faire la tête comme d'habitude. Je n'ai pas envie qu'il pense que t'es débile.

Je m'interposai gentiment :

– Alex ! Arrête avec ta sœur, elle se tiendra bien comme toujours, hein ma chérie ?

– J'en ai marre moi qu'il me traite de débile.

Comme moi, Mélissa avait un caractère bien trempé. Elle se chicanait souvent avec Alex, mais quoi de plus normal entre frère et sœur ?

Alain interpella Alex pour lui rappeler que son copain risquait d'attendre à la gare.

« Prends du pain aussi avec le copain, enfin… je veux dire, ça serait bien d'avoir du pain pour le repas… », lançai-je à mes deux hommes avant de rire de ma phrase confuse.

En montant dans la voiture, Alex nous demanda de bien nous tenir en affichant un sourire complice.

*

*   *

L'ambiance était toujours ainsi. Alain et moi avions l'habitude de tourner les événements en dérision. La légèreté était pour nous une philosophie de vie.

Nous avions tout pour être heureux dans cette nouvelle maison. Deux ans que nous avions emménagé dans ce petit paradis, proche des bois, loin de tout : pour seuls voisins des moutons et un couple de bergers avec leurs trois enfants.

Nous habitions à la croisée de trois départements : l'Orne, l'Eure et l'Eure-et-Loir. Comme dans tous les petits villages, la gare était un peu éloignée, à quinze minutes de la maison en voiture. Cette fois, le train en provenance de Paris était manifestement arrivé à l'heure, car j'entendais déjà crisser les pneus sur les graviers. Je reconnus la façon de rouler d'Alexandre qui passait lentement le portail.

Mélissa, elle, était déjà attablée. Je me moquai gentiment d'elle.

– Mélissa… Première assise, dernière servie.

– Oh ! Mais j'ai faim !

De la terrasse où je m'affairais, j'aperçus mon fils qui parlait et riait fort. Je supposai qu'il faisait le tour du propriétaire avec son ami. Ses grands bras s'agitaient dans tous les sens, il pointait du doigt des habitations, des arbres ici et là, avançait, se retournait et tardait à nous rejoindre. Pourquoi prenait-il tant de temps et paraissait-il si excité ? Je l'entendais parler des moutons de l'autre côté de la haie, de l'agencement de la maison, des voisins et de je ne sais quoi encore. Une chose m'étonnait : mon Alex avait une allure, une posture, une façon d'être que je ne lui connaissais pas. Ses gestes amples et son rire forcé trahissaient un manque de naturel et me firent penser qu'il se sentait obligé d'épater ce copain. Qui était-ce pour qu'il en fasse autant ?

Je les observai. Très fin et plus petit qu'Alex, notre invité soignait son apparence. Élégant avec ses vêtements bien assortis et ses cheveux longs qui lui donnaient un air faussement négligé, il dénotait avec notre pauvre Alex, pas toujours à la mode. Toutefois, la démarche de ce garçon révélait sa timidité. Il se déplaçait presque sur la pointe des pieds, d'un pas incertain, malhabile, comme quelqu'un qui ne voulait pas faire de bruit. Je les rejoignis dans l'allée alors qu'ils avançaient dans ma direction. « Je te présente ma maman. » dit Alexandre en me regardant, puis : « Je te présente Vincent. »

Le jeune homme ne savait pas s'il devait me tendre la main ou m'embrasser. Je m'approchai spontanément pour lui faire la bise. Mais à cause de son hésitation, nous nous sommes serré la main très maladroitement, ce qui me fit rire : « Bienvenue chez nous ! C'est gentil de nous avoir amené le soleil, Vincent ! » J'essayais de le mettre à l'aise. Ses yeux clairs étaient un peu fuyants. Il était si réservé ! Il tremblait presque.

Alex me sourit. Il comprit que je souhaitais bien faire, je le sentais rassuré par mon accueil. Cela me faisait plaisir de voir mon fils heureux et volubile.

Alex montra du doigt Mélissa, restée sur la terrasse : « Ma petite sœur dont je t'ai parlé, tu sais celle qui chouine tout le temps... Eh ! Tu pourrais venir dire bonjour... » ajouta-t-il en s'adressant à elle.

Mélissa descendit la marche de la terrasse et arriva pieds nus. Vincent s'en étonna. Alexandre en profita encore pour la taquiner : « Elle veut vivre en Afrique, elle s'entraîne dur ! » Mélissa grimaça. L'ami d'Alex s'amusa de ce jeu entre eux et se baissa pour faire la bise à Mélissa. Il la complimenta sur son agilité et admira sa longue chevelure blonde. Alexandre continua à ironiser : « Oui, mais c'est malheureusement tout ce qu'elle a de bien en tant que sœur… »

Je mis un terme à ces enfantillages : « Rassurez-vous, Vincent, c'est toujours comme ça entre eux. C'est plutôt bon signe quand ils se chamaillent ! »

Les présentations faites, nous nous sommes installés à table pendant qu'Alain préparait le barbecue. Vincent, assis à mes côtés juste en face d'Alexandre, ne disait pas grand-chose. Il se contentait de sourire en regardant Alex qui faisait le service. Mais Alex était si fasciné par son ami qu'il en oublia de nous passer le plat, ce que je lui fis remarquer : « J'aimerais me restaurer aussi un peu, si tu le veux bien ! » Alex n'avait d'yeux que pour son ami. Mes taquineries ne l'atteignaient absolument pas. Quant à Alain, il ne semblait pas pressé de nous rejoindre.

Il s'assit enfin, mais resta silencieux, ce qui ne lui ressemblait guère, lui d'un naturel si jovial et accueillant. Son visage était fermé, ses sourcils froncés et il respirait fort, signe chez lui de contrariété. Il fixait son assiette. Je le sentais très mal à l'aise, et plus les minutes passaient, plus j'avais le désagréable sentiment de l'être à mon tour, sous mon propre toit.

Au fil du repas, je vis mon fils se « lâcher », comme on dit aujourd'hui. Je me rendis compte que ses gestes n'étaient pas seulement amples ou un peu théâtraux, mais aussi maniérés, précieux, et que sa voix prenait des intonations aiguës lorsqu'il s'adressait à Vincent. Alex ne cessait de le complimenter et enviait la vie qu'il menait à Paris. À l'entendre, rien n'était bien ici, chez nous, dans notre campagne. Vincent avait beau lui répondre que l'on pouvait aussi se sentir seul dans une grande ville, Alex continua sur le même ton et jura de s'installer à Paris plus tard. Alors, Vincent se proposa de lui faire découvrir les plus beaux endroits de la capitale…

Plus j'observais ce jeune homme, plus je le trouvais efféminé. Et soudain, je vis clairement leur petit jeu. Comme si, d'un seul coup, quelqu'un m'enlevait un voile : Alexandre et Vincent cherchaient à se plaire l'un l'autre !

*

* *

J'étouffais.

J'avais besoin de sortir de table pour respirer, m'oxygéner. Que se passait-il ? Je devais me faire des idées, ce n'était pas possible…

Je profitai du changement de plat pour m'échapper, m'enfuir. Je me levai et inspirai de grandes bouffées d'air pour me calmer. Dans la cuisine, à voix basse, je confiai à Alain, très irrité lui aussi, ma surprise et mes suspicions. Tout en faisant semblant de nous affairer autour du plan de travail, nous nous sommes assis pour discuter. Cette cuisine moderne que nous trouvions habituellement si agréable m'apparut tout à coup d'une grande froideur.

– Tu as vu ce gamin comment il est efféminé ? lançai-je.

– Ah ça, c'est le moins qu'on puisse dire, pourtant je l'avais déjà aperçu avec Alex et n'avais rien remarqué. »

Le trouble-fête, c'était le copain, pas mon fils. Je n'étais évidemment pas en mesure de parler d'Alex. Je ne voulais surtout pas. Mon corps vibrait de colère, j'avais peur que mon enfant se fasse entraîner sur un chemin dangereux sans même qu'il en ait conscience. Alain et moi étions décontenancés, perdus, nous ne savions quoi dire.

Nous sommes retournés à table. Mon regard trahissait ma façon de penser. Je n'avais jamais su cacher mes émotions et me mettais très rarement en colère. Mais là, je bouillonnais.

La fin du repas fut un supplice. Je baissais les yeux, fuyant le regard de mes enfants, de mon mari, et celui de cet intrus sans dire un mot. Je n'avais plus envie de parler, je ne pouvais plus, mes lèvres étaient cousues. Les minutes me paraissaient interminables. Je priais pour qu'Alain comble les silences et abrège ce déjeuner. Il fit de son mieux, le pauvre, mais la tension était palpable. D'ailleurs, je m'arrangeais pour que tout le monde la ressente, surtout Alex, car je voulais qu'il comprenne que j'étais contrariée afin qu'il cesse son manège insupportable. Mais il était si captivé par la présence de son ami que cela lui était égal. Il était tout simplement heureux. Il ne se leva même pas pour nous aider à débarrasser la table et rapprocha sa chaise de celle de Vincent pour discuter, comme si nous n'existions pas.

*

* *

Alors que je finissais de ranger la cuisine, j'entendis des voix féminines dans l'allée. Deux copines d'Alex qu'il avait vraisemblablement invitées proposèrent d'aller se promener dans les environs. C'était pour elles l'occasion de rencontrer Vincent, que mon fils, semblait-il, avait prévu de leur présenter.

Je tâchai de faire bonne figure en les accueillant. Je les saluai et les laissai partir, peu rassurée. Que penseraient nos voisins s'ils les croisaient ?

À leur retour, je me précipitai à l'étage pour ne pas les voir. Ils s'installèrent sur la terrasse, j'entendais le bruit des chaises et leurs rires, mais je ne comprenais pas de quoi ils parlaient. Alex leur fit visiter la maison. Il était sur un nuage.

Désarmée, je m'enfermai dans un mutisme qui ne présageait rien de bon. Je le savais, j'étais sur le point d'exploser. J'ignorais comment désamorcer ce qui était en train de naître en moi : un sentiment de haine, de colère noire envers ce garçon venu troubler notre quiétude.

J'étais aussi choquée par l'attitude de mon fils, par son jeu de séduction. D'autant plus déçue et blessée qu'il nous faisait l'affront d'agir ainsi chez nous. Je m'enfermai dans notre chambre pour ne plus les entendre. Assise sur le bord de mon lit, je pleurai et priai pour que tout s'arrête. J'avais reçu un coup de poing. Je réagissais comme si on m'avait annoncé que mon fils venait d'avoir un accident.

Alain entra dans la chambre et s'assis à mes côtés en silence. Nous ne pouvions parler. Des souvenirs de l'enfance d'Alex me revenaient en mémoire, les images défilaient dans ma tête.

– Où est mon erreur ? dis-je à Alain. Qu'est-ce que j'ai raté ? J'ai dû louper quelque chose, c'est sûr. Je pensais avoir réussi son éducation. Mais qu'est-ce qui se passe ?

– C'est vrai que tu l'as toujours surprotégé.

– Quoi surprotégé ? On ne surprotège pas un enfant, on le protège, c'est tout ! J'ai fait de mon mieux pour lui éviter le pire ! Enfin, je le croyais... Aujourd'hui, tout s'écroule.

– Oui, mais il a vécu ses premières années pratiquement seul avec toi, peut-être que ça a joué sur son caractère... Je ne sais pas. De toute façon, maintenant, on est devant le fait accompli. C'est catastrophique ! Faut que personne ne le sache, c'est terrible !

– Je ne peux pas croire que mon fils soit homosexuel. C'est de la folie. J'ai échoué...

– Mais non, tu as fait ce qui était bien pour lui ! Et c'est dur pour moi aussi ! Je suis un mec et j'ai du mal avec tout ça... Encore plus que tu ne le crois !

Alain se leva brusquement et sortit de la pièce. Je le sentais démuni tout autant que moi. Avais-je inconsciemment orienté Alex dans une mauvaise direction ? L'avais-je conditionné à être ce qu'il était ? Cette peur d'avoir une part de responsabilité me prenait aux tripes et accaparait mon esprit. Qu'est-ce que je l'aimais pourtant ! Comment faire pour le protéger ? Il fallait que j'éloigne ce garçon. Alex allait se reprendre, j'en étais sûre. Il m'avait toujours écoutée, il n'y avait pas de raison pour que ça change. Tous les adolescents traversaient une crise...

Alain revint dans la chambre et me lança sur un ton de reproche : « Il me l'avait dit, Alex, une nuit, rappelle-toi… j'avais essayé à mon tour de t'en parler et t'avais conseillé d'en discuter avec lui. Tu vois, si tu l'avais fait, peut-être que ce garçon ne serait pas là aujourd'hui. » Ma culpabilité grandissait et mon cœur s'emballait. Je devais parler en urgence à Alexandre et libérer ce qui était en moi. Appuyé sur le montant de la porte, Alain attendait une réaction de ma part : « Non mais attend, on est chez nous, non ? Je ne vais pas laisser Alex se faire manipuler sous notre toit. On va ramener ce jeune homme à la gare, je veux qu'il reparte tout de suite ! » affirmai-je à Alain qui m'approuva.

Je descendis bruyamment les escaliers afin que tout le monde sache à quel point j'étais en colère. J'appelai Alex d'une voix sèche et impérative. « J'arrive dans cinq minutes. » me dit-il mollement.

Sa réponse m'agaça et ne fit qu'augmenter mon état de tension. J'avais envie de monter dans sa chambre pour affirmer mon autorité, mais je me ravisai. La main posée sur la rambarde, j'attendais. La mâchoire serrée, je cherchais un autre argument pour le convaincre de descendre. Mais j'étais trop énervée, rien ne me venait à l'esprit. Je fis demi-tour et retournai dans ma chambre, profondément exaspérée. Après un moment qui me parut très long, j'entendis enfin le bruit de ses pas. Il ne se pressait pas et s'arrêta net sur la dernière marche. Lorsque nos regards se croisèrent, il sembla étonné.

– Entre, il faut qu'on parle.

– Maman, on ne peut pas parler plus tard ? Mon copain va se poser des questions.

– Oui, justement. C'est de lui dont il s'agit. Il va reprendre le train. Tu le préviens, je ne veux pas qu'il reste un jour de plus ici.

– Quoi ? Mais pourquoi ?

– Tu sais très bien pourquoi, ça m'est insupportable de le savoir ici.

– Mais maman, en quoi ça te dérange ? Pour une fois que je me sens bien avec quelqu'un, tu veux le virer ?

Hors de moi, je haussai le ton :

– Non mais est-ce que tu as vu comment il est efféminé ce type ? Tu comprendras un jour que ce que tu cherches en lui, c'était une fille. Tu débloques Alex, je ne peux pas te laisser faire ça, encore moins sous mon toit.

Très calme et sûr de lui, les bras croisés sur sa poitrine, Alex me défiait du regard :

– Ah bon, parce que je ne suis pas chez moi ?

– Si, tu l'es ! Mais tu dois respecter ceux qui vivent ici. Il est hors de question que tu amènes ce genre d'individu, c'est compris ? De toute façon, tu n'as pas le choix, c'est comme ça.

Il me lança un regard noir – jamais il n'avait osé me regarder ainsi – puis repartit sans un mot.

*

*   *

Je m'effondrai sur le lit, anéantie par cet échange. Terriblement réel. Quelque chose entre nous venait de se casser, comme si notre relation mère-fils prenait fin. Je le sentais si fort en moi. Ma douleur était une sorte de grand vide, ma chute interminable. Dormir ! Il fallait que je dorme pour oublier, pour réparer. Pourquoi est-ce que je souffrais autant ? Je repensais à mon petit bout de fils avant tout ça, à notre vie jusqu'à cet instant. Voulait-il me faire payer ce qu'il avait enduré enfant, l'absence de son père à la maison ? Était-ce une vengeance ? Un retour de bâton ? Ou un mal nécessaire pour couper le cordon ?

*

*   *

La terre tournait pourtant encore. Si je pouvais remonter le temps ! Je trouverais le moyen de tout réparer. Le fils que j'aimais et croyais connaître avait disparu et je le pleurais. Qu'allais-je devenir ?

Je m'assoupis quelques instants, le corps exsangue. La voix d'Alain me réveilla : il n'y avait plus de train aujourd'hui pour Paris. Décidément, tout allait dans le mauvais sens. Je prévins Alexandre qu'il était hors de question que je les voie ensemble avec Vincent et que j'emmènerais celui-ci à la gare le lendemain dès la première heure. Puisqu'au cours du repas il nous avait dit être majeur, je pourrais le mettre en garde sur le chemin. Je comptais bien menacer Vincent en lui parlant de détournement de mineur et il serait bien obligé de ne plus fréquenter mon Alex ! Déjà, dans mon esprit, la distance ferait le reste. Avec le temps, Alex finirait par l'oublier et mon fils redeviendrait comme avant.

La soirée fut plombée par ma tristesse. Alain et moi avons jardiné chacun de notre côté, tentant de digérer l'événement. Je taillai nerveusement les rosiers, la tête ailleurs, et ne parvins même pas à jouer avec Salomon au moment du bain. Nous avons préparé le dîner dans le plus grand silence. Mélissa sentait bien que quelque chose n'allait pas, d'autant plus que nous n'avions mis que trois couverts à table. Mais je ne voulais rien lui dire, elle était trop jeune. Son incompréhension m'embarrassait beaucoup :

– Maman, on est cinq avec le copain d'Alex !

– Ils ne descendent pas pour l'instant. Ils restent dans la chambre d'Alexandre. Ils n'ont pas faim, ils dîneront plus tard. Et tu vois bien qu'il n'y a pas assez de place dans la cuisine pour tout le monde !

Cette situation était si pesante. Même entre Alain et moi il y avait un malaise, des non-dits.

Nous essayions simplement de faire bonne figure devant Mélissa.

Ce soir-là, nous nous sommes couchés très tôt. Aucun bruit ne vint troubler la nuit. Pourtant, elle fut très agitée. Des pensées malsaines et des larmes me réveillèrent. Je luttais pour ne pas imaginer mon fils avec ce garçon. Je me retournais dans mon lit, j'avais froid, puis chaud, je transpirais. La gorge serrée, je peinais à contrôler ma respiration, désespérant d'obtenir un sommeil réparateur. J'ouvrais les yeux, cherchant des réponses. Comment peut-on être attiré par quelqu'un du même sexe ? Qu'est-ce qui a manqué à Alex pour qu'il ne fasse pas comme les autres ? Lui avais-je donné trop d'amour ? Peut-être craignait-il de ne pas rencontrer une femme qui l'aimerait autant que moi ? Oui, ce devait être quelque chose comme ça…

Je m'étais toujours demandé ce qui n'allait pas chez les homosexuels. Pour moi, la raison devait être hormonale. Et puis il n'y avait jamais eu d'homosexuel dans la famille… Si l'un ou l'autre apprenait ça, comment réagirait-il ?

Et le Sida ? Alex y avait-il pensé ? Probablement que non. Mais quand avait-il décidé d'être homosexuel ? Lui qui attirait tant les filles, il avait sûrement pris peur des femmes… J'en étais sans doute responsable avec mon caractère entier…

Je me sentais aussi trahie par mon fils. Tout se bousculait dans ma tête, mais j'étais persuadée que ça irait mieux après le départ de ce garçon. Il suffirait d'en discuter avec Alex, comme je l'avais toujours fait. Il ne pouvait être amoureux, ce n'était qu'un jeu, la curiosité d'un ado qui veut expérimenter des choses. J'avais déjà lu des articles là-dessus.

*

* *

Le train était à 10 h. Je démarrai la voiture, pressée de me débarrasser de ce Vincent qui arrivait à pas lents, gêné de venir s'asseoir à mes côtés. C'est alors qu'Alexandre se précipita pour monter à l'avant du véhicule et désigna à son ami le siège arrière. Je n'avais pas prévu la présence de mon fils, j'étais déstabilisée. Je m'adressai à Vincent, droit dans les yeux : « J'aurais voulu que cela n'arrive jamais, vous comprenez ? C'est insupportable pour moi. »

– Vous savez, Madame, c'est normal, je comprends bien. Je voudrais que vous m'excusiez pour tout. Vous n'y êtes pour rien, je ne peux pas vous en vouloir. »

Je restai sans voix, recevant en pleine face toute sa sincérité, sa fragilité et sa candeur. Je remarquai pour la première fois sa beauté, sa beauté intérieure, sa finesse. Il n'était encore qu'un enfant. J'essayai de me reprendre en bouclant ma ceinture. Croiser les yeux humides de mon fils était un supplice. Comment en étions-nous arrivés là ? J'avais d'ailleurs l'impression de ne pas être vraiment là.

Ce trajet jusqu'à la gare restera gravé dans ma mémoire à tout jamais. Chaque virage, chaque carrefour tant de fois emprunté, m'apparut totalement différent ce jour-là. Alexandre rabattait le pare-soleil pour observer son ami dans le miroir de courtoisie. Il sanglotait. Je l'apercevais hoqueter, ses lèvres tremblaient. Je feignais de ne rien voir, de me concentrer sur ma conduite et n'osais même pas allumer la radio. La gare était en face de nous ; au bout de cette route, la délivrance. Alex s'essuya discrètement les yeux du revers de sa main. Vincent, lui, ne se risquait pas à le regarder de peur que je le surprenne dans le rétroviseur. Je fis un rapide créneau devant l'entrée de la gare. Le train était déjà à quai. Tant mieux, je n'y tenais plus.

« Au revoir Madame, je vous remercie. » Je le trouvai beau et fort, encore une fois. Vincent me donnait une leçon de tolérance. Je restai muette et les laissai s'éloigner. Que se disaient-ils ? Parlaient-ils de mon rejet ? Ils semblaient se regarder silencieusement. Moi, je craignais que Vincent manque son train, eux retardaient la séparation. Ils passèrent enfin les portes de la gare et disparurent de mon champ de vision. Je m'effondrai, pleurai à chaudes larmes. Sur mon sort ? Sur le leur ?

Mes larmes coulaient toutes seules. Regrettais-je mon geste ? Était-ce la tension qui retombait ? J'avais honte de faire souffrir mon fils, mais moi aussi je souffrais. Mon Dieu, comme à cet instant être sa mère me parut une terrible épreuve !

Je craignais de me retrouver seule avec mon enfant. Qu'allait-il se passer ? J'aurais tant aimé que quelqu'un m'aide, m'envoie un signe.

Je guettais le train encore à quai. Je les imaginais unis dans la souffrance que je leur infligeais, que la société leur infligeait, unis contre l'injustice, la haine ; et liés par leur différence, inacceptable pour les autres…

Je le comprenais, mais ne pouvais l'accepter.

Alex remonta dans la voiture. Il était livide. « Je suis désolée. » balbutiai-je. Il était froid, absent. Je le sentais si loin de moi.

*

*   *

Quelques jours plus tard, je décidai de méditer. J'avais plus que jamais besoin de ce « monologue intérieur ». La relaxation, la sophrologie, la méditation m'avaient toujours apaisée et aidée à puiser en moi de la force. J'espérais aussi trouver des réponses, des voies d'éclaircissements. Ce tumulte en moi réclamait la paix.

J'aimais m'isoler dans le bureau de notre maison normande. Je m'assis en tailleur sur le beau tapis jaune épais, j'allumai un peu d'encens, une bougie, et je contemplai la photo de mon fils entre mes mains. Les souvenirs remontèrent instantanément.

Je me rappelai ses premiers pas, ses bégaiements et ses rires d'enfant, ses bobos que je guérissais d'un baiser, sa complice de collège, Emmanuelle, sa chute spectaculaire de la balançoire et notre affolement, son premier voyage, loin de nous, en classe de mer, son instituteur de CM1 qu'il adorait.

Des souvenirs banals, l'histoire d'une enfance comme les autres.

Je laissai mes pensées divaguer, certaines positives, d'autres plus sombres. Elles m'entraînèrent loin d'ici et me firent voyager dans le temps. Portée par un flot de visages, de regards familiers… Comme dans un film, je me vis le soir de Noël, délaissée, seule sans mon fils. Projection angoissante… Puis les battements de mon cœur ralentirent, je pensais au bonheur que j'avais éprouvé en devenant mère. Je me sentis alors en sécurité. J'essayai de saisir ce moment de sérénité. Je pus respirer profondément, calmement, une onde de chaleur parcourut ma poitrine, j'étais enfin en paix, je ne voulais plus quitter cet état. Mais soudainement, tout s'assombrit de nouveau. Je captai la distance silencieuse de mon enfant, son chagrin mêlé au mien, ma fracture maternelle associée à celle que ma mère m'avait infligée. Mon père qui n'en avait jamais été un pour moi. Mon Alex qui ne le serait jamais, père. Les petits-enfants auxquels je devais renoncer… Que de vies gâchées par tant de lâchetés. Je passai d'une vie à l'autre, perdant toute notion du temps et de l'espace.

J'observais l'humanité par le prisme de mon ego. En réalité, j'avais peur de ce qui m'était étranger, je n'aimais pas l'univers des autres, je n'aimais que le mien, car il me rassurait, je le connaissais.

J'ouvris les yeux et vis la nuit éclairée par la lune. J'avais dû méditer longtemps. Je sortis marcher un peu dans le jardin sous le ciel étoilé. Je me sentais toute petite. Je pensais à Alex, dans son internat, seul, loin de moi. Loin de son ami aussi.

Arrivait-il à dormir ? J'aurais tant voulu lui dire que je l'aimais.

Pourtant, il y avait eu des signes, oui. J'avais pressenti mon fils comme différent. Mais je n'avais rien voulu voir, c'était au-dessus de mes forces. Je ne pouvais pas être la mère d'un homosexuel. Jamais je n'aurais pu imaginer un jour que je rejetterais mon enfant simplement parce qu'il était différent. Moi, vers qui les autres venaient souvent chercher du réconfort. Moi qui trouvais toujours le moyen d'apaiser les âmes en peine. Moi qui croyais que le racisme se résumait à la couleur de peau. Je pensais que l'homosexualité n'arrivait que chez les autres et me découvrais intolérante.

*
* *

Quel chemin parcouru depuis le *coming out* d'Alexandre ! Que d'épreuves traversées, d'obstacles franchis. Que de bêtises dites et faites, de lâchetés, de mensonges. Que de souffrances. Pour moi bien sûr, pour mon Alex surtout.

Avec Alain, mon compagnon de route dans toutes ces tempêtes, nous avons réussi à rire dernièrement de propos que nous avions pu échanger à cette époque. J'ai été très étonnée de savoir que lui ne soupçonnait absolument rien de l'homosexualité d'Alexandre jusqu'à ce fameux « jour où ». Je ne sais pas trop comment Alex arrivait à gérer nos remarques avant son aveu. Comme lorsque je le taquinais au sujet des filles du collège. Je l'agaçais beaucoup : « Arrête avec ça, maman ! J'aime pas qu'on en parle ! » Je voyais bien qu'il était contrarié, mais j'étais loin de m'imaginer pourquoi…

ALEX, MON ENFANT

Ma rencontre avec Richard, le papa d'Alexandre, fut un coup de foudre. Enfin, pour moi surtout. Nous travaillions ensemble à l'Office des HLM des Hauts-de-Seine. Il n'était pas du tout mon type d'homme avec ses cheveux bruns et ses yeux noisette, mais son sourire enjôleur, sa voix cassée et son air détaché m'avaient immédiatement séduite. Comme il travaillait au service comptabilité, j'inventais mille prétextes pour m'y rendre, et ça finit par marcher ! Au fil des mois, notre complicité grandissait. J'espérais plus qu'une amitié, mais Richard m'avait dit que je n'étais pas son genre. J'étais devenue sa confidente, il m'accompagnait souvent le matin et me ramenait le soir en me parlant d'autres filles… Mais je ne me décourageais pas pour autant, décidée à le faire changer d'avis ! J'étais bel et bien amoureuse !

Mon travail me plaisait beaucoup. Je gérais un parc locatif de la ville de Nanterre. Je vivais seule dans un appartement confortable et gagnais un salaire honnête pour mon âge ; de quoi me sentir bien. En réalité, je commençais à apprécier la vie que je menais.

Richard, qui habitait huit étages au-dessus de moi, venait souvent toquer à ma porte après le travail pour discuter, et nos dîners en tête-à-tête chez moi étaient très fréquents. Et après un premier baiser sur *Sailing* de Christopher Cross, nous avons passé notre première nuit ensemble.

J'étais aux anges. Mon rêve s'était réalisé, l'homme que j'aimais dormait dans mon lit. Seulement, les jours suivants, Richard m'évita. Et le covoiturage ainsi que notre relation durent s'arrêter net. Même s'il reconnaissait se sentir bien avec moi, il n'avait pas envie de s'engager, disait-il. De plus, il projetait de partir travailler et vivre à Lyon avec un copain. Tout cela était assez brutal. Il me fit même la promesse de venir dîner avec moi avant son départ, mais il ne vint jamais. Très déçue par ce manque de respect et sa lâcheté, je me promis de l'oublier… en vain. Mes sentiments pour lui étaient bien réels, et je finis par mettre tout en œuvre pour le retrouver. J'obtins son adresse et partis un vendredi soir.

Quelle ne fut pas sa surprise ! Il essaya d'abord de me dissuader de l'aimer, puis reconnut qu'il avait aussi des sentiments. Alors nous nous sommes retrouvés très vite à rire ensemble, complices comme au bon vieux temps, mais ce ne fut que le début d'une succession de désillusions.

Après quelques allers et retours Lyon-Paris, il rompit à nouveau. Puis quelques mois après, il me rappela. Il regrettait d'être parti… Il soufflait le chaud et le froid. Cette relation avait beau être instable et fatigante, je ne pouvais me passer de lui. À chaque fois, la petite flamme était ravivée. J'acceptai donc de l'accueillir dans mon appartement, même s'il était toujours aussi inconstant et distant : ayant perdu son travail, il affirmait rester pour des raisons pratiques et me répétait de ne pas m'attacher. Jusqu'au jour où il me déclara vouloir un enfant. Quatre ans que nous nous connaissions et deux ans que nous vivions ensemble. J'étais si émue. Je rêvais d'être mère depuis l'âge de 18 ans. Naïvement, je considérai ce projet comme une promesse d'avenir, notre histoire était sur le chemin de la guérison.

*

*   *

Un jour de novembre 1984, j'attendis, anxieuse, le coup de fil de ma mère à qui j'avais demandé d'aller chercher les résultats de mes analyses. Nous essayions depuis neuf mois d'avoir un enfant. Au son de sa voix, je compris immédiatement. Elle joua pourtant avec mes nerfs et me fit patienter avant d'éclater de rire : « Il faut que je te dise, je vais être grand-mère ! » Ce fut le plus beau jour de ma vie ! Je ne pensais plus qu'à ce petit bout de chou qui vivait en moi. Je me procurai tous les livres sur le sujet et les dévorai. Je voulais être prête et mettre tout en œuvre pour que le bébé soit en pleine santé. Tous les matins, je le visualisais en moi et posais ma main sur mon ventre pour qu'il sache combien sa maman l'aimait déjà. Je cessai de fumer, ne bus plus de café, ni de boisson gazeuse bien connue.

Une seule chose me contrariait : Richard n'avait manifesté que très peu de joie à la nouvelle. Au fil des jours, il fut de moins en moins tendre, il reprit ses habitudes, redevint critique, et s'irrita vite. Il ne semblait pas réaliser ce qui nous attendait, d'autant plus que je n'étais pas aidée par la nature, car mon petit ventre bien plat allait mettre du temps à s'arrondir, et, je dois le reconnaître, c'était difficile pour Richard de concrétiser cette grossesse.

Je me rendis seule à ma première échographie. Je ne comprenais pas pourquoi Richard ne venait pas. J'insistai, mais rien à faire. Et j'oubliai vite ma contrariété : le bébé était magnifique, superbement bien proportionné. Bien évidemment, c'était le plus beau des bébés. Je repartis de la maternité avec une photo de son profil que je ne quittai pas des yeux du trajet.

Je ne voulais pas connaître le sexe du bébé. Je voulais une vraie naissance surprise. Chose amusante, le prénom de Virginie s'imposa très vite à nous, mais rien ne vint pour le garçon. Pendant huit mois, je penserai à Virginie. À tel point que je me persuadai que j'attendais une fille…

Ce n'est qu'à quelques jours de l'accouchement que le prénom d'Alexandre nous vint à l'esprit. Le 9 août 1985, je me rendis à la clinique. J'essayais de respirer calmement, je serrais fort les doigts de Richard à chaque contraction. Il tint le coup. Ma belle-sœur était là pour le relayer quand il faisait une pause. Brigitte était un peu comme une sœur, elle me rassurait par sa présence, par son expérience, puisqu'elle avait déjà accouché trois fois.

Le compte à rebours fut déclenché. Il était hors de question que je crie, je m'en étais fait la promesse. Je voulais accueillir mon enfant dans la douceur. Je sentais que c'était important pour lui. Je serais une bonne mère en l'accueillant avec le sourire.

J'avais tellement adoré le porter, le sentir vivre en moi, que j'ai presque eu peur de le voir disparaître en accouchant. Est-ce que toutes les femmes éprouvaient cela la première fois ? J'étais détendue, nous riions beaucoup, Richard, l'obstétricien et moi. Soudain, j'entendis : « Ne poussez plus ! Surtout ne poussez plus ! Prenez-le, il est là. » Ça y était ! Je le voyais ! Je le touchais ! J'entourais son petit corps tout chaud de mes mains. Il était magnifique ! Ses yeux se posèrent immédiatement sur moi. Le temps s'arrêta.

Richard était aux anges : « C'est un garçon, tu m'as donné un garçon ! » Nous pleurions tous les deux de joie. Richard me félicita et me glissa tendrement à l'oreille qu'il était fier de moi. Épuisée, je m'écroulai de bonheur.

Je passai la nuit à fredonner la chanson *Prendre un enfant par la main* d'Yves Duteil à mon petit garçon qui serrait mon index de sa petite main. Je lui promis de le protéger et de lui offrir une belle vie. Je contemplais sa perfection, les traits fins de son visage avec son petit nez en trompette, la marque des anges bien marquée sur le haut de ses lèvres, ses jolis cheveux blonds…

À cet instant, je me dis que la vie valait la peine d'être vécue, ne serait-ce que pour connaître cet instant-là.

*

*   *

J'ai été une mère présente. Trop peut-être. Mon Alex était tout pour moi.

Les débuts de l'allaitement ne furent pas aussi faciles que je l'imaginais. Il se réveillait bien plus souvent la nuit que le jour, et le jour il ne dormait que si je lui donnais le sein. Au bout d'un mois, j'étais épuisée, incapable de tenir le rythme. La pédiatre me rassura en m'affirmant que tout allait très vite rentrer dans l'ordre. Oui, mais quand ? Je ne pensais pas qu'un bébé puisse nécessiter autant de temps et d'énergie.

Quand Richard rentrait du travail, il m'arrivait d'être encore en pyjama. Les pleurs la nuit s'intensifiaient. Tout le monde y allait de son conseil : « Laisse-le pleurer, il se fait ses poumons. » me disait ma belle-mère. Pour d'autres, ce n'était qu'un caprice. Pour Richard, il ne fallait pas céder et le laisser crier afin qu'il apprenne à rester seul…

Au plus profond de moi, je pensais l'inverse : mon bébé avait besoin de moi.

L'attention permanente que je lui portais devint la cause de nouvelles disputes avec Richard. Alexandre sentait-il la tension entre nous ? À un an, il pleurait encore chaque nuit ou presque. D'après Richard, tout était de ma faute, car je m'en occupais mal ou trop. Un soir, il se leva, exaspéré de l'entendre, et lui hurla dessus. Les coups du voisin contre le mur mirent un terme à notre dispute. Je passai la nuit sur le canapé avec mon fils dans les bras.

Alexandre avait à peine dix-huit mois lorsque je finis par quitter Richard. Je dus alors subvenir seule à nos besoins. Richard ne me versa aucune aide et annula souvent les week-ends qu'il devait passer avec son fils.

Alexandre semblait heureux dans son nouvel environnement, mais sa santé était fragile. Il faisait des bronchites à répétition qui l'empêchaient de respirer correctement. Je ne sus que plus tard qu'il était asthmatique avec un terrain allergique.

Alex ne parla pratiquement pas durant ses deux premières années. Puis d'un seul coup, il se mit à parler presque comme un adulte. Et même à « écrire » ! Il ne gribouillait pas, il écrivait droit, s'appliquant à former des signes sur des lignes, dessinant des boucles et des jambes. Je me demandais où il avait bien pu apprendre cela.

*

* *

Après une séparation d'un an environ, Richard me supplia de revenir vivre auprès de lui. Très attachée aux valeurs familiales, j'acceptai pour Alexandre. Mais c'était une erreur. Richard se montrait toujours impatient et verbalement violent, très autoritaire. Quand Richard donnait un ordre, Alex devait s'exécuter.

Moi, je jouais beaucoup avec lui. Je lui racontais des histoires, nous nous amusions. Richard, lui, préférait qu'Alex reste dans sa chambre. Il voulait qu'il s'endurcisse et apprenne à rester seul, disait-il. En clair, nous n'avions pas du tout la même conception de l'éducation…

Alexandre était un petit garçon réservé, un peu peureux et très coquet. Il tenait beaucoup à ses cheveux blonds et bouclés. Je me souviens que les gens le prenaient souvent pour une petite fille, si bien qu'un jour je me résolus à l'emmener chez le coiffeur. Mais quelle épreuve ce fut ! Je devais user de stratagèmes pour lui faire accepter sa nouvelle coupe. Chaque matin, nous avions ainsi notre petit rituel : je me maquillais devant le miroir pendant que j'encourageais Alex à se coiffer tout seul avec sa brosse. Je lui proposais aussi une eau de toilette pour bébé qu'il mettait derrière les oreilles en m'imitant. Nous nous amusions beaucoup, mais cela avait le don d'irriter son père : « C'est pas une fille que tu as fait ! » disait-il.

Je sais aujourd'hui que mon comportement était ambigu. D'un côté, je surveillais les « manières » de mon Alex, de l'autre, ses gestes un peu efféminés me faisaient rire. Très craintif, il lui arrivait d'avoir des crises d'angoisse, et le bruit par exemple l'horrifiait. Aussi, il était souvent chahuté par les autres enfants de son âge, ses cousins notamment. Et – ce qui m'agaçait au plus haut point – Richard ne cessait d'encourager les uns et les autres à bousculer notre fils, comme s'il voulait l'endurcir. À la belle-famille, il expliquait que j'avais fait d'Alex une mauviette, une femmelette. Je souffrais tellement d'entendre cela, car je trouvais Alex bien plus mature que les autres. À mes yeux, mon fils était avant tout un enfant généreux, gentil, intelligent et responsable.

*

* *

Je dois avouer que j'avais de plus en plus peur de Richard. Pas physiquement, non, mais verbalement et psychologiquement. Son regard sur notre fils était de plus en plus destructeur et dévalorisant. Une scène particulièrement violente m'a décidée à le quitter définitivement. Nous étions invités chez des amis qui avaient un enfant très turbulent et très agressif bien que plus jeune qu'Alex, âgé alors d'un peu plus de 4 ans. La jeune femme s'appelait Régine, c'était une collègue de Richard. Je me souviens parfaitement d'elle, car nous nous entendions bien, et surtout parce que Richard… en était tombé amoureux. Il ne s'en cachait pas. J'en avais fait contre mauvaise fortune bon cœur – au point où en était notre relation… – et je discutais avec Régine des enfants, de la scolarité, de l'accouchement, quand un incident déclencha une violente dispute entre Richard et moi. Alex était assis sagement avec un livre sur les genoux. Il faisait semblant de savoir lire, fasciné par les châteaux forts. Il était très touchant. Régine m'enviait d'avoir un enfant si calme.

Tout se passait bien, jusqu'au moment où le fils de nos hôtes commença à boxer avec son père. Il se jetait sur lui et lui donnait des coups de poing dans le ventre. Piqué dans son amour-propre, estimant sans doute sa virilité en jeu, Richard se sentit dans l'obligation d'en faire autant avec Alex, qui se mit à pleurer. Je m'interposai et le ton monta. Richard ne supporta pas de perdre la face devant Régine. Il força Alex à se battre contre le petit garçon en l'attrapant par le bras et en le bousculant. Alex pleurait encore plus fort et suffoquait. Obéissant à l'ordre de Richard, le fils de nos amis roua de coups le nôtre. Alex se laissa taper, mordre, tirer les cheveux, griffer en me regardant. Régine et moi, révoltées, avons séparé les enfants. Je récupérai mon fils, tremblant, et Régine punit le sien en l'enfermant dans sa chambre. Richard était fou de rage.

– T'en a fait une tapette ! Tu feras quoi le jour où il se fera démolir parce qu'il n'a pas su se défendre ? Tu le prendras sur tes genoux pour le consoler ?

– Il est encore si petit ! Tu voudrais en faire un adulte avant l'heure ! C'est à lui de savoir s'il veut apprendre à se défendre ! La vie s'en chargera, tu ne crois pas ? J'en ai assez que tu le rabaisses sans arrêt.

Je fis mes excuses à Régine et son mari qui abondaient dans mon sens. Ma décision était prise. Je quitterais Richard dès que je le pourrais.

*

* *

Derrière la violence verbale de Richard se cachait de l'inquiétude. Il y avait sûrement de l'amour dans son désir d'en faire un homme, un « vrai », conforme à l'image de la société. Mais aussi de la peur, de l'homosexualité peut-être. Bien sûr, je ne l'ai pas perçu ainsi à ce moment-là. Alex avait tous les signes de l'intello mal dans son corps. On ne peut pas être bon partout, ni tout le temps, essayais-je de faire comprendre à Richard, mais lui exigeait que son fils domine toutes les situations. Moi je voulais le laisser s'épanouir à son rythme.

Le jour où j'ai annoncé à Alexandre que je quittais son père, il en assuma l'entière responsabilité comme le font la plupart des enfants : « C'est ma faute, maman. Je le sais. » J'avais beau le rassurer, lui expliquer qu'il n'y était pour rien, il porta longtemps le fardeau de la culpabilité.

Pressentait-il qu'il ne pourrait répondre aux attentes de son père ? Pouvait-il déjà se sentir

« différent » ? Peu m'importait qu'il soit fragile, délicat, efféminé ou je ne sais quoi, je m'en fichais totalement. J'aimais mon fils tel qu'il était et j'étais bien décidée à lui offrir une vie plus douce.

*

*   *

Richard était prévenu. Je le quittais. Quand, comment, pour aller où ? Je ne savais pas encore. Il n'était plus question de me tromper maintenant. J'avais fait un enfant pour lui donner toutes les chances d'être heureux. Mon plan était simple : gagner de l'argent, et vite. Je voulais assumer seule une vie confortable pour Alex. Dans mon domaine, le commerce, les offres ne manquaient pas. Je décrochai immédiatement un poste de commerciale grands comptes dans une société de protection incendie, à Massy-Palaiseau, et avec un très bon salaire. Le directeur commercial me réserva le meilleur accueil. Après avoir fait le tour de l'usine, nous nous sommes dirigés vers les bureaux. Mon supérieur hiérarchique me tendit la main pour me saluer. Je ne me souviens plus de ses mots, mais son sourire resta gravé dans ma mémoire. Alain venait d'entrer dans ma vie pour y apporter le changement. J'avais 30 ans, il devait bien en avoir 40.

Dès le premier regard, je sus que c'était l'homme dont je rêvais. Grand, habillé avec goût, il avait beaucoup de classe et de prestance. J'étais certaine que mon trouble se voyait, ce que je ressentais était si déstabilisant. J'avais l'impression de le connaître, ses mains m'étaient familières. Comment était-ce possible ? Sa présence me rassurait et m'électrisait à la fois. C'était un vrai coup de foudre, qui semblait réciproque.

J'aimais beaucoup mon travail, mais j'étais toujours aussi troublée par Alain. Un matin, il devait passer me prendre pour me conduire au siège de l'entreprise. Je sus en me levant que notre tête-à-tête ne serait pas anodin. C'était la seconde fois que nous nous voyions. Quand il arriva, nos corps se dirigèrent l'un vers l'autre, pressés de se retrouver. Nous avons manqué de nous serrer dans les bras, un élan inconscient qui trahit notre attirance. Je devais être rouge écarlate. Nous avons un peu ri de mon arrivée très remarquée dans l'entreprise car, dit-il, j'aurais ralenti le travail des techniciens… Comme nous étions un peu en avance pour notre rendez-vous, nous sommes allés boire un café dans une brasserie à côté. Le contact était facile, nous avons beaucoup parlé. De retour au siège de l'entreprise, on nous demanda de patienter. Si loquaces au café, dans ce hall, assis l'un à côté de l'autre, nous nous taisions. Quelque chose d'indicible était en train de se passer, un tourbillon d'émotions nous emportait.

Je tentai de me raisonner. Je m'étais promis de ne pas tomber amoureuse, de partir loin, seule avec mon enfant. Or, j'étais sur le point d'envisager une aventure sentimentale avec mon supérieur ! Je regardai ses mains. Aucune alliance. Nos respirations étaient au diapason. L'alchimie était évidente. Nous savions qu'il était trop tard, inutile de lutter. Je bredouillai :

– Je n'ai jamais connu cela auparavant.

– Moi non plus, me répondit-il.

Après le rendez-vous, nous avons échangé nos premiers baisers fougueux dans sa voiture. Nous étions comme deux collégiens. Nous avons déjeuné ensemble et nous nous projetions déjà dans un avenir de couple…

*

*   *

Je ne tardai pas à annoncer à Richard que j'allais chercher un appartement. Nous vivions toujours ensemble, mais chacun avait son espace. Nous faisions chambre à part, cohabitions sans nous parler.

Richard ne fut pas dupe, il sentait que je lui cachais quelque chose. J'étais vivante et belle comme une femme amoureuse. Alex aussi s'en rendit compte. Il était plus enjoué que d'habitude et dormait mieux depuis quelques jours. C'est bien la preuve que les enfants ressentent tout. Le bonheur, c'est communicatif.

Richard me questionna, insista, et refusa de croire que ma décision était prise. La providence mit sur ma route un ami d'enfance. Philippe travaillait pour une agence immobilière et en gérait le parc locatif. Il me dénicha un petit trois pièces situé près de l'école d'Alex.

Alain m'aida à emménager. C'était un véritable soulagement pour moi. Un avenir meilleur commençait à se dessiner.

Richard réalisa que j'étais partie, malgré ses menaces. Nous avons conclu qu'il aurait la garde d'Alex un week-end sur deux ou davantage si Alex en exprimait le désir.

J'étais inquiète pour Alex, qui ne disait plus rien au sujet de la séparation. J'essayais de le préparer au changement, de lui expliquer la situation avec des mots d'enfant. Il n'avait que 5 ans.

Avant le déménagement, Richard se mit à s'occuper d'Alex, ce qu'il ne faisait absolument pas auparavant. Il l'emmenait jouer au ballon, lui achetait des vêtements… Il était sûrement triste de voir partir son fils, mais n'était-ce pas un peu tard ?

La veille du déménagement, Alexandre pleura dans son bain. Il avait vu toutes mes affaires emballées dans des cartons et pensait que je partais sans lui.

Je soupçonnai Richard d'en être la cause. Je parvins à le rassurer et lui souhaitai bonne nuit. Alexandre endormi, j'eus une dernière explication avec Richard. Nous nous sommes jeté au visage les pires méchancetés, nous avons déversé toute notre colère, notre couple explosa définitivement.

Je laissai Alex passer la dernière journée avec son père pendant que je m'installai dans le nouvel appartement, aidée par Alain. Je sentis mon fils inquiet, tout autant que moi. Je le regardai partir en tenant la main de son père. J'étais bouleversée de devoir le priver d'une famille. Soudain, j'eus peur de ne pas revoir mon fils. Seule dans la chambre d'Alex, je m'effondrai. Tout était à sa place, la chaise sur laquelle je l'avais allaité bien des fois, ses affaires dans la commode, ses jouets... Quand il reviendrait le soir avec son père, rien n'aurait bougé. Comment allait-il vivre ce retour à la maison sans sa maman ? Quelles traces en garderait mon Alex plus tard ?

Je ne regrettais pas mon choix. Il n'aurait jamais pu s'épanouir avec un père qui lui faisait peur et des parents sans cesse en conflit. On m'offrait la chance d'une seconde vie. J'y vis un signe de renaissance pour mon fils et moi.

*

* *

Alexandre se plaisait dans son nouvel environnement. Il dormait bien, mangeait et s'amusait de tout. J'appréciais cette paix retrouvée. Alain avait quitté sa femme 15 jours après notre rencontre et vivait près de chez nous. Mais je ne voulais rien précipiter, je devais faire le deuil de mon histoire avec Richard, et surtout apporter de la stabilité à Alex. Il me paraissait important de prendre du temps pour lui, de poser de nouveaux repères… Alain comprenait très bien, même s'il avait hâte de faire partie de ma vie.

La providence se chargerait encore une fois d'accélérer les choses. Un matin, ma voiture de fonction tomba en panne au moment d'emmener Alexandre à l'école. J'appelai donc Alain à la rescousse. Je n'avais pas prévu de les faire se rencontrer si vite et dans de telles circonstances. J'expliquai à mon fils qu'un collègue de travail arrivait pour nous dépanner. Mon petit bonhomme s'installa dans sa Renault 25, très à son aise. Ils entamèrent naturellement la conversation. Je sentis déjà une complicité naissante entre eux.

Je me souviens du jour où Alain a décidé de ne plus nous quitter. Il venait déjeuner chez nous. Après le repas, Alain et Alex jouèrent avec le jeu de société qu'Alain venait de lui offrir. Puis, lors d'une balade dans les bois, ils eurent des crises de fou rire en essayant de faire voler un cerf-volant. Ils étaient déjà devenus inséparables. J'étais si heureuse, je me sentais en paix. Alex avait l'air serein, épanoui. De retour à la maison, mon fils me prit à part pour me demander d'un air très solennel si Alain pouvait rester : « S'il te plaît maman, j'ai pas envie que mon ami s'en aille. Tu l'aimes bien toi aussi hein ? » J'étais si émue, j'avais envie de pleurer de joie. Mais j'avais peur. Peur qu'Alex souffre, peur d'aller trop vite, peur qu'Alain nous quitte à son tour, que l'histoire se répète. Il était encore marié. Séparé, mais pas divorcé. J'essayais d'écouter ma raison. Je voulais cacher à mon fils l'amour que j'éprouvais pour Alain, mais Alex avait déjà compris combien nous étions unis.

Je lui dis non, mais lui promis qu'il reviendrait très vite. Je ne croyais pas si bien dire. Alain, qui avait un double des clefs, me rejoignit dans la nuit. Il ne repartit plus. Le lendemain, nous avons déjeuné tous ensemble très naturellement.

*

* *

Nous fondions une vraie famille et partagions tout, les joies, mais aussi les peines, le divorce d'Alain, les visites d'Alex chez son père… Alain était pour nous un soutien, un pilier. J'avais l'impression que nous avions toujours vécu ensemble, de voir un père avec son fils lorsqu'ils marchaient côte à côte en se tenant la main.

Alex imitait Alain. Il parlait comme lui, faisait semblant de se raser le soir dans son bain. C'était bon de le regarder s'amuser, chahuter, se moquer de moi aussi. Alex se sentait en confiance avec Alain et prenait de l'assurance. Mon fils avait tout simplement besoin d'un homme, d'un père, de quelqu'un de doux et patient pour s'épanouir.

Le plus délicat, c'était de rendre visite à son père. Il appréhendait ces retrouvailles tous les quinze jours. Retrouver ses meubles et ses affaires n'y changeait rien. Alex pleurait à l'idée d'y aller. Il me suppliait de rester avec nous. Sa souffrance me renvoyait à ma propre souffrance de petite fille à qui la présence d'un père avait beaucoup manqué. « C'est juste un dodo et, après, je viens à nouveau te chercher. » lui disais-je pour l'encourager. Richard pensait que je montais notre fils contre lui. Notre relation était très tendue. Surtout depuis qu'il avait appris ma relation avec Alain. Les week-ends d'Alex chez son père s'espacèrent. Richard reprit sa vie de célibataire, au point d'oublier d'emmener son fils à la montagne pendant les vacances comme il le lui avait promis.

Alex était tiraillé entre l'envie de voir son père et la déception qui s'en suivait à chaque fois. Il mettait du temps à retrouver sa bonne humeur après chaque visite. Nous tâchions de lui redonner le sourire et de combler ce manque par notre amour. Mais avec le temps, Alex refusa de plus en plus de rendre visite à son père, tandis que nous recréions une belle famille. Une famille qui allait… s'agrandir. Et très vite.

*

* *

À peine sept mois après notre rencontre, je portais l'enfant d'Alain. Nous étions fous de bonheur, mais craignions que cette nouvelle complique le divorce d'Alain et suscite des jalousies ou des malveillances de la part de nos collègues. Je redoutais d'être vue comme une voleuse de mari. Nous avons donc attendu le délai maximum pour annoncer à la société que j'attendais ce bébé. Je m'étais déclarée célibataire à l'embauche, ce qui ne me facilitait pas les choses, car le directeur attendait beaucoup de moi en terme de disponibilités…

Pouvoir annoncer ma grossesse fut un soulagement. Quelle joie pour Alain et sa famille ! Et notre Alex ! Je me souviens de son expression ce jour de décembre 1990. La bouche grande ouverte avec des yeux tout ronds, il m'interrogea, très excité : « Je vais être grand frère, c'est vrai ? »

Malheureusement, cette grossesse fut une nouvelle épreuve. Exposée à un risque de fausse couche, je ne devais plus bouger. L'alitement était obligatoire.

Les médecins avaient été très clairs : je perdais beaucoup de sang et la vie du fœtus ne tenait qu'à un fil. Mon moral était au plus bas. Alain s'occupait de tout, accompagnant Alex matin et soir. Pour m'occuper, je faisais des dessins à Alexandre, allongée dans mon lit. Dès qu'Alex rentrait de l'école, il remplaçait Alain. Il m'apportait mon plateau repas et restait à mes côtés pour faire ses devoirs. Il savait déjà lire et prenait beaucoup de plaisir à me faire la lecture. Voyant ma tristesse, il collait sa bouche tout près de mon ventre et parlait au bébé : « Eh, bébé ! Faut que tu te reposes beaucoup. » Son implication était très touchante. Alex grandissait, il n'était plus l'enfant fragile et inquiet d'autrefois. Il réalisait que sa maman pouvait être vulnérable et réagissait comme un adulte en prenant soin de moi.

Alain, lui, travaillait beaucoup. La société était en difficulté financière et des licenciements se profilaient. C'était très difficile pour nous deux de vivre tout cela en même temps.

Une nouvelle échographie nous apporta une grande bouffée d'oxygène. L'examen du bébé montrait qu'il avait grandi et grossi. Fille ou garçon, ce petit être s'accrochait pour faire partie de la famille. Et le 23 juillet 1991, Mélissa est née. Alain pleurait de joie. Il coupa le cordon ombilical et assuma avec beaucoup d'émotion ce moment très symbolique. Il ne quitta plus sa fille d'un centimètre.

Pour la pesée, les tests, le bain, l'habillage… Il revint vers moi tout fier avec sa fille dans les bras.

« Mélissa ! Je t'aime ! C'est moi, Alexandre, ton grand frère ! » lui criait Alex. Je laissai couler des larmes de joie sur ma princesse. Elle n'en avait pas conscience, mais elle faisait le lien entre nous tous. Les jours suivants, Alexandre demanda à Alain l'autorisation de l'appeler « papa », ce qu'il accepta, très ému.

*

*   *

Je me rendais compte que Mélissa était très différente d'Alex au même âge. Elle était très calme et faisait ses nuits après seulement trois semaines. C'était une enfant toujours souriante, et même quand elle se réveillait elle ne pleurait pas. Elle était très curieuse et observait tout ce qui l'entourait. Rien à voir avec Alexandre qui était si introverti.

Alex passait son temps à lire et à nous poser des questions sur tout. Il emmagasinait tant de connaissances ! Un « intello », comme dira son petit frère bien des années plus tard. Mais comme le sont souvent les « intellos », Alex était un peu gauche avec son corps. D'une manière générale, je dirais même qu'il était un peu empoté, comme gêné tantôt par ses bras, tantôt par ses jambes. Il avait l'air désarticulé et n'arrivait pas toujours à distinguer sa droite de sa gauche. Plus il avançait en âge, plus il manifestait des craintes. Il pleurnichait pour un rien, se montrait agité au moindre danger.

Nous désirions qu'il ait une activité physique. D'après le médecin, il avait besoin de prendre possession de l'espace et se confronter aux autres pour acquérir de la confiance en lui. Du sport en équipe lui ferait sûrement du bien. Mais il n'aimait pas le football, ni aucun autre jeu de ballon, car il avait peur de le recevoir dans la figure… Il n'aimait pas courir non plus. La natation ? Impossible ! Il avait la phobie de l'eau… Nous avons donc choisi de l'inscrire à un cours de gymnastique le mercredi après-midi. Très heureux de s'y rendre au début, son enthousiasme disparut au fil des séances. Il se montrait de plus en plus réticent. Je ne cédai pas. À la démonstration de fin d'année, je me rendis compte qu'il n'avait fait aucun progrès. Une galipette représentait encore pour lui un immense effort. Dès qu'il devait s'élancer sur le tapis, il retenait son élan alors que les autres enfants, enjoués, galopaient dans tous les sens. Nous n'avons pas renouvelé son inscription. Alex était soulagé. Mais Alain, pensant bien faire, s'inscrivit à l'aïkido avec lui. Très vite, les chutes bloquèrent Alex et ils ne finirent pas le trimestre. Alexandre n'aimait pas se mesurer aux autres par la force. Et puis, il avait une autre phobie : le noir. Chaque soir, il restait éveillé au lieu de s'endormir. Il avait aussi peur des insectes. J'avais beau me dire que cela passerait, je me posais des questions sur ces petites peurs qui prenaient de plus en plus de place dans le quotidien et déclenchaient chez lui des crises d'asthme qui nous obligeaient à le faire suivre à l'hôpital.

*

* *

Heureusement, une bonne nouvelle arriva : un plus grand logement venait de nous être attribué. Alexandre demanda à se rendre seul à l'école. Il n'était qu'en CE1 et il y avait beaucoup de rues à traverser, cela m'inquiétait. Mais il insistait et me prouvait qu'il était très prudent, alors j'acceptai. Pour tout dire, j'étais étonnée devant tant d'autonomie.

Reste qu'Alexandre avait des comportements déstabilisants. Il passait beaucoup de temps devant les miroirs à se regarder, à s'apprêter. Je me souviens par exemple de lui le jour de notre mariage. Son costume, identique à celui d'Alain, lui allait à ravir. Très coquet, devant le miroir, il avait des gestes maniérés. Je ne pouvais alors m'empêcher de repenser à la phrase de Richard : « Tu vas en faire une femmelette ! »

Je me rappelle aussi qu'un jour Alex avait volé mes colliers de perles, mes chaussures et un chapeau pour se déguiser. Il prenait des poses comme une fille.

Alain et moi entrions dans son jeu pour rigoler. Mais une petite voix intérieure me disait tout bas : « Sois vigilante ! Cela pourrait l'influencer… » Si j'avais écouté cette voix, aurais-je été plus sévère ? L'aurais-je puni ? Forcé à aimer des activités qu'il détestait ?

À plusieurs reprises, ses attitudes m'ont gênée, troublée. Je chassais les idées saugrenues que Richard avait distillées au fil du temps. Après tout, mon petit frère Jean-François m'a chipé lui aussi des robes, lorsque nous avions 4 et 5 ans. Il est aujourd'hui maître en arts martiaux…

*

*   *

Pour la première fois, Alex, qui aimait tant l'école, rencontra des difficultés. Les autres élèves étaient méchants avec lui. Il se faisait frapper à la récréation et avait peur d'y retourner. Il n'avait pas de copains. J'ai cherché à en savoir plus en rencontrant le directeur de l'établissement. Ce dernier m'expliqua qu'Alexandre était marginalisé, ne parvenait pas à s'intégrer. Pourquoi d'un seul coup mon fils était-il si violemment mis à l'écart ? Je savais qu'il ne se défendait pas, ce n'était pas nouveau. Il n'aimait que les jeux sans violence. Était-ce un tort ? Était-ce une raison suffisante pour le rejeter ? Nous nous sentions impuissants, Alain et moi. Je finis par me demander si son hypersensibilité n'en était pas la cause. Les autres garçons avaient dû remarquer sa préciosité et s'en moquer. Ne sachant pas comment faire pour se défendre, j'imagine qu'Alex s'était replié sur lui-même. Je voyais bien qu'il n'était pas heureux comme il devait l'être à son âge. Il ne se sentait bien qu'à la maison, parmi nous…

Alex, mon ado

La vie réserve parfois de drôles de surprises. Il suffit qu'une nouvelle école ouvre dans notre quartier pour qu'Alex, qui entrait alors en CE2, se réconcilie avec les instituteurs et la vie scolaire. Tout changea en quelques semaines. Alexandre adorait se rendre en classe. Il recevait souvent des compliments pour son travail. D'après ses résultats scolaires, il était l'un des meilleurs. Tout le monde dans l'école l'appréciait, jusqu'aux dames de service qui ne tarissaient pas d'éloges à son égard lorsque j'allais chercher les enfants le soir. Et se fut ainsi pendant deux ans, jusqu'à ce qu'un événement imprévu vienne chambouler nos vies. Un événement qui aurait dû être douloureux, mais qui finalement nous ouvrit d'autres portes.

Le licenciement économique d'Alain lui permit de décrocher trois mois plus tard un poste de directeur d'agence situé en Haute-Normandie. Nous étions enchantés par cette promesse de changement. Quitter la région parisienne et tout son tumulte était notre souhait depuis quelque temps. Alain ne supportait plus de rester coincé parfois deux heures dans les embouteillages et, surtout, nous aspirions à vivre à la campagne. Nous aimions tant la nature et la tranquillité. Nous voulions améliorer notre qualité de vie et celle des enfants. Nous avons donc pris la décision que toute la famille irait s'installer là-bas. Pas question que nous soyons séparés.

Les enfants ne se réjouirent pas tout de suite de cette nouvelle, attristés de devoir laisser derrière eux leurs copains, leur maîtresse et tous ceux avec qui ils avaient appris à se sentir bien. Mais la perspective de vivre dans une belle et grande maison à la campagne leur redonna du baume au cœur.

L'entreprise d'Alain était située au Havre, notre future maison dans un petit village près d'Étretat. Les gens étaient chaleureux, tout le monde se saluait dans la rue. Notre maison était pleine de charme et le grand jardin séduisit immédiatement les enfants. Ils adoptèrent tout de suite l'étage et choisirent de dormir ensemble. Un bel escalier tout en bois reliait le salon à une grande mezzanine où les enfants pouvaient éparpiller leurs jouets à leur guise. Je dois dire qu'ils étaient installés comme des petits princes, comparé à notre ancien appartement ! Sans compter que la région était superbe, ses vallons et ses forêts nous offraient de belles balades. À cinq minutes de la mer en voiture, nous nous sentions en vacances toute l'année.

J'espérais qu'Alexandre trouverait ici de nouveaux repères. Sa petite sœur, elle, ne se posait aucune question. Elle adopta immédiatement cette vie et voulait tout le temps être dehors, contrairement à son frère. Leurs différences s'affichaient de plus en plus nettement. Pour leurs anniversaires respectifs, quatre ans pour Mélissa, dix ans pour Alexandre, nous avons eu l'idée d'inviter les enfants des voisins. Ce fut une réussite. Ils passèrent l'été à jouer tous ensemble. Tout s'annonçait donc pour le mieux. Jusqu'à ce qu'Alexandre reprenne le chemin de l'école…

*

* *

À la fin du mois de juin, nous avons rencontré son institutrice afin de préparer la rentrée scolaire qui s'annonçait après les grandes vacances. Elle insista tout de suite sur le très bon niveau de la classe. Elle garantit aussi à Alexandre qu'il serait chaleureusement accueilli par les autres élèves et précisa qu'elle s'était déjà chargée de les prévenir de son arrivée. Elle ajouta enfin qu'elle exerçait dans cet établissement depuis longtemps et qu'elle allait entamer avec Alexandre sa dernière année avant sa retraite. Nous étions rassurés. Mais ce n'est jamais facile de changer d'environnement. Les problèmes d'Alexandre surgirent très rapidement après la rentrée, à tel point que, dès les premières vacances scolaires, il nous fit comprendre qu'il ne voulait plus retourner en classe. Le matin, il refusait de se lever, se cachait la tête sous l'oreiller, laissait son bol de chocolat chaud intact, n'avalait rien avant de partir. Durant le trajet, il ne prononçait pas un mot, puis descendait très lentement de la voiture en faisant la moue. Je le regardais entrer dans la cour, le cœur serré. Je l'emmenais souvent chez le médecin à cause de ses crises d'asthme. Ses difficultés d'intégration recommençaient. Cette fois, contrairement à ce qui s'était passé quand il était plus jeune, il m'en parla. D'après lui, la maîtresse ne lui laissait rien passer. Dès qu'il levait le doigt pour répondre, elle l'ignorait. Quand il ne répondait pas, elle se moquait de lui avec le soutien des élèves qui ricanaient.

Nous avons vite eu le sentiment qu'il était victime d'une forme de rejet : nous n'étions pas des « gens du cru » et on le lui faisait comprendre. Nous avons donc pris rendez-vous avec la maîtresse pour éviter qu'Alexandre subisse d'autres affronts. L'entretien fut tendu. Elle nous reçut avec une attitude très distante et nous dit d'un ton dédaigneux que notre enfant n'avait pas le niveau que l'on pensait.

D'après elle, nous avions l'arrogance des Parisiens. Nous souhaitions nous expliquer, comprendre, mais il était impossible de lui parler. Elle ne nous écoutait pas et mit un terme à la conversation en nous congédiant de façon expéditive.

Comment aider notre fils ? Nous avons tenté de consoler Alexandre en lui expliquant que l'entrée au collège était proche, qu'il lui fallait être patient et se faire le plus discret possible, mais je me souviens que cette situation me mettait en colère. Bien sûr, ce second rejet de l'école m'inquiétait mais, surtout, je pressentais qu'autre chose travaillait et perturbait mon Alex.

La situation empira. Au retour des vacances de novembre, Alex commença à faire des cauchemars. Il fallait lui laisser la lumière le soir, il était anxieux et de plus en plus fatigué. Sans compter qu'il devait faire face au retour de son père. Il le revoyait un peu plus souvent. Nous lui avions même ouvert la porte de notre maison tout un week-end. Mais cela n'améliora pas nos relations. Que d'épreuves pour un petit garçon de 10 ans !

De mon côté, je n'avais toujours pas trouvé d'emploi depuis notre arrivée dans la région. Le taux de chômage y battait alors des records. Je continuais simplement mes cours de sophro-relaxation par correspondance. J'avais intégré depuis 1992 un groupe de travail thérapeutique sur la proposition d'une psychothérapeute que j'avais alors consultée pour parler de mes rapports houleux avec ma mère. Elle m'avait pressentie douée pour des accompagnements. Grâce à elle, je découvris donc la relaxation et la sophrologie. La gestion des émotions et la relation d'aide me faisaient me sentir bien et me permettaient de me débarrasser de certains blocages. J'avais chaque fois l'impression d'être à ma place et douée pour guider quelqu'un. Je comprenais mieux les mécanismes humains face aux traumatismes et au manque de confiance en soi. Je découvrais à chaque cours un peu plus de mon potentiel thérapeutique. J'apprenais à être plus sereine, je mettais à profit dans ma vie de tous les jours ce que l'on m'avait enseigné, mais j'avais surtout envie de le faire partager. Seulement, j'arrivais alors bientôt au terme de mon programme et Alexandre était toujours malheureux. Je n'étais pas encore assez experte pour lui apporter un mieux-être…

*
* *

Juste après les fêtes de fin d'année, la situation bascula encore une fois. C'était un jour de janvier 1996. Alain rentra dans l'après-midi. Je fus surprise qu'il soit là si tôt. Il avait très mauvaise mine. Il osa à peine me dire que son contrat n'était pas renouvelé. Il devait pourtant être reconduit en durée indéterminée après cette période d'essai de six mois. Il n'en était rien, c'était la catastrophe. L'avenir s'annonçait sombre : nous avions devant nous une perspective d'environ six mois pour vivre à peu près correctement avec les indemnités de chômage. Et en plus de m'inquiéter pour mon fils, il allait falloir maintenant que j'épaule mon mari. Par bonheur, la chance tourna à nouveau en septembre. Alain pouvait décrocher un poste de coordinateur commercial dans une société de protection incendie implantée en Eure-et-Loir à la condition de réussir un test d'embauche : vendre cinq contrats d'entretien de sécurité incendie en trois jours ! Il devait faire du porte à porte. Je l'escortai alors pour l'encourager et, à chaque défaite, je lui dis que la prochaine serait la bonne. Et il réussit ! Il fut embauché. Seul problème : il était loin de nous, à environ 200 kilomètres. Alors qu'Alexandre entrait en 6e au collège, et Mélissa en dernière année de maternelle, nous devions l'accompagner à la gare le dimanche soir. Nous retenions nos larmes sur le quai. Je me sentais abandonnée, seule avec mes deux enfants dans cette grande maison. Ce n'était pas encore la vie que je souhaitais pour nous. D'autant que rien ne s'arrangea avec l'entrée d'Alexandre au collège.

Pendant l'été, tout de même, il se fit un nouveau copain, le fils des voisins qui venaient d'emménager.

Des liens se tissèrent très vite entre eux. C'était la première fois que mon fils me demandait d'aller dormir chez un ami. Louis était un petit garçon très bien élevé, très agréable et très sûr de lui. J'étais contente qu'ils se fréquentent. Sachant que Louis allait aussi intégrer le collège à la rentrée, j'espérais que les choses s'amélioreraient enfin pour Alex. Malheureusement, il n'en fut rien. Peu à peu, Louis se désintéressa d'Alex, l'évita, et il ne fit plus le trajet avec lui. Pire, je découvris en allant chercher Alex à la sortie des cours qu'il était devenu la tête de turc !

Les semaines passant, il prit l'habitude de rester enfermé dans sa chambre. Il lui arrivait même d'être désagréable avec moi, ce qui n'était jamais arrivé. Mon mari me manquait terriblement, je me sentais désemparée. Je n'osais pas demander un rendez-vous avec son professeur principal de peur d'être à nouveau cataloguée « parisienne » et de faire encore plus de tort à Alex.

Plus tard, il me confia avoir été victime de violences verbales et physiques quotidiennes. Je crois qu'il subissait la jalousie que nous suscitions : Alors qu'il était en 5e, nous avons emménagé dans une nouvelle maison que tout le monde nous enviait. Pour ma part, j'essayais de trouver une activité. Je rencontrai Michel, un kinésithérapeute et enfant du village, à qui une voisine avait parlé de mes études en sophrologie. Très intéressé lui aussi par cette méthode, nous avons créé ensemble une association à but non lucratif, car peu de gens avaient les moyens de s'offrir des séances de sophrologie ou de relaxation. J'étais d'ailleurs choquée par les prix exorbitants que pratiquaient les sophrologues. Je les trouvais élitistes et voulais offrir un accompagnement à très faible prix, parfois gratuitement. Michel, qui fournissait les locaux, était le président de l'association et moi la secrétaire. J'organisais des séances de groupes pour les plus démunis. Le bouche à oreille fit très vite le succès de « La main ouverte ». Je ne travaillais pas, mais j'étais occupée presque à temps plein en aidant bénévolement les autres à aller mieux.

*

*   *

Un jour, l'infirmière du collège m'appela en urgence. Elle me demandait de venir chercher Alex. Il venait de subir « quelques petits problèmes » dans la cour de récréation. Paniquée, j'imaginais mon fils blessé. Elle voulut d'abord me recevoir dans son bureau, mais j'insistai pour voir mon fils en premier. Elle refusa. Je me figurais qu'il avait subi quelque chose de terrible et qu'elle voulait m'y préparer avant de le voir. Mais d'après elle, il allait bien. Il se reposait dans la salle à côté et pouvait attendre. Oui, mais moi pas. J'avais besoin d'être rassurée. Je perdis patience et le lui fit comprendre en haussant le ton. Alors elle m'accorda enfin le droit de rejoindre mon fils. Allongé sur une sorte de brancard, il respirait mal. Il avait fait une crise d'asthme qui s'atténuait. « Que s'est-il passé ? Comment vas-tu ? » Son visage était très pâle. Il m'expliqua, très ennuyé, presque fautif, que des garçons de sa classe accompagnés de Louis s'en prenaient régulièrement à lui à la récréation. Ils piétinaient son sac, lui jetaient des cailloux, lui crachaient dessus et l'insultaient. Aujourd'hui, ils l'avaient poussé dans les escaliers. Je l'écoutais, effrayée par ce que j'entendais. Je voulais porter plainte, informer les parents du comportement de leurs enfants, mais Alexandre était tétanisé : « Je ne veux pas que tu dises quoi que ce soit. Ça va se retourner contre moi encore une fois. Ça va être pire. »

Je ne me doutais pas que c'était si grave. Je voulais savoir de qui il s'agissait et je comptais bien avoir une discussion entre quatre yeux avec Louis, ainsi qu'avec sa mère que j'appréciais pourtant beaucoup. Était-ce à cause de la personnalité d'Alex ? Était-il trop gentil ? Était-ce parce qu'il n'aimait pas le foot, qu'il avait de bons résultats scolaires et s'intéressait à l'histoire et à la science tandis que les autres pensaient surtout aux filles ? Il avait beaucoup de copines et peu de copains. Suscitait-il des jalousies ? Payait-il ses origines parisiennes ? J'avais beau chercher des raisons, je ne comprenais pas. Quelque chose m'échappait. Alex, lui, minimisait, résigné.

Aujourd'hui, je suis presque certaine que les autres savaient ou supposaient qu'il était différent et que, eux aussi, ça les « dérangeait ». Je pense aussi qu'il a accepté l'agressivité des autres comme une fatalité. Peut-être même se disait-il en pensant à moi : « Quand elle saura, elle comprendra tout... »

Quelques semaines plus tard, je dus l'emmener chez le médecin pour un mal de jambe et de dos. Impossible de savoir s'il avait été frappé. Mais je supposais que si ce n'était pas le cas aujourd'hui, cela avait déjà dû se produire. J'étais très en colère. Je pris donc rendez-vous avec son professeur principal. Je fus encore une fois déçue. Il m'écouta relater les faits et j'insistai sur le caractère confidentiel de cet échange, car Alexandre avait peur des représailles. Ce professeur m'expliqua que cela ne l'étonnait pas du tout et que, durant les cours, il arrivait que des élèves giflent mon fils dès qu'il leur tournait le dos. Je désirais comprendre pourquoi il n'intervenait pas, mais il me répondit très tranquillement qu'il ne voulait pas se mêler « des affaires des mômes » et ajouta que ce n'était pas de sa faute s'il y avait un nombre insuffisant de surveillants. Il termina en me disant qu'il était grand temps qu'Alexandre apprenne à se défendre par lui-même. Je restais à l'écouter, estomaquée. Je fulminais, il était si arrogant.

Je l'avertis que j'avais l'intention de déposer une plainte auprès de l'inspection académique, que j'allais tenir informé le proviseur de notre conversation et lui fis croire que je l'avais enregistrée. Il paniqua un peu en bredouillant que je n'avais aucun droit d'agir ainsi sans son autorisation et ne me donna pas grand espoir que les choses changeraient. Toutefois, quand Alexandre retourna en classe après une semaine d'absence, les fameux garçons lui présentèrent des excuses à la demande de l'enseignant. J'étais satisfaite, mais pas totalement rassurée. Alexandre se sentait un peu trahi par sa mère et je craignais qu'il ne veuille plus me dire ce qui se passait au collège. Il finit son année scolaire seul, même son copain Louis ne vint plus du tout à la maison, surtout après une rencontre que j'avais sollicitée. Je me souviens de ce jour comme si c'était hier. Je voulais que Louis me donne des explications. Sa mère l'avait déposé à la maison sans rien lui dire. Il avait honte, était très mal à l'aise et déglutissait souvent : « Si j'avais pris le parti d'Alexandre, je me serais fait casser la figure par les autres. » Il baissait la tête et agitait ses jambes très nerveusement : « Je ne peux rien dire. J'aime bien Alex, mais au collège c'est la loi du plus fort qui commande. » Et je n'obtins rien de plus.

*

* *

Les choses finirent par s'arranger un peu. Alex grandissait, il allait bientôt avoir 13 ans. Il avait l'allure d'un beau jeune homme et plaisait beaucoup aux filles. Il avait trouvé un sport qui lui plaisait, l'escrime. Nous le suivions avec Alain pratiquement tous les week-ends en championnat. Il était devenu un sacré battant et ses adversaires le craignaient. Certes, il y avait beaucoup de garçons autour de lui durant ces rencontres, mais jamais il n'a eu un regard ou une attitude qui aurait pu me laisser supposer quoi que ce soit. Tout du moins, je n'ai jamais rien vu.

Aujourd'hui, je me demande même si Louis et Alexandre n'ont pas été attirés l'un envers l'autre. Je crois possible une découverte amoureuse entre eux. Ils ont passé tant de temps ensemble le premier été, quand nous sommes arrivés dans la région. Et si Alexandre avait assumé très tôt sa différence en classe ? Et s'il avait des manières efféminées en dehors de la maison ? Et s'il avait dit qu'il préférait les garçons aux filles ? Bien sûr, je ne suis certaine de rien, ce ne sont que des suppositions.

À l'époque, je ne me posais pas ce genre de questions. Sauf une fois peut-être… Nous étions en vacances dans le Gard avec des amis et leurs enfants de 9 ans, le même âge qu'Alex. Un après-midi, intriguée par le bruit qui émanait de la chambre des enfants, je me levai pour leur demander de se calmer. En ouvrant la porte, je surpris les garçons tous nus l'un à côté de l'autre, très gênés. J'ai tout de suite pensé à des jeux d'enfants – c'est l'âge où l'on découvre son corps – même si leur promiscuité m'a mise mal à l'aise. Je ne pouvais pas envisager que mon fils était homosexuel juste à cause de cet « incident » – je crois que cela ne m'effleura même pas l'esprit – mais je dois avouer que j'ai ensuite surveillé les siestes…

Ai-je inconsciemment eu peur que mon fils ait des penchants pour les garçons ? Je ne saurais le dire. En fait, je ne m'interrogeais pas. J'expliquais simplement ma réaction par de la pudeur, sans chercher plus loin.

Ce n'est qu'en repensant à tout cela que j'ai porté un autre regard sur le comportement de l'infirmière du collège qui voulait tant me parler avant que je n'aille voir mon fils. Je crois qu'elle avait voulu attirer mon attention sur les « comportements » d'Alex. Je me souviens de son regard préoccupé.

*

* *

Notre vie a été une succession de déménagements et de chamboulements. Durant l'hiver 1998, Alain a été victime d'une attaque cardiaque qui l'a obligé à trouver un poste plus sédentaire au sein de son entreprise. Nous avons donc décidé de tous quitter la Haute-Normandie pour les plats pays du Centre, où son employeur avait pu l'affecter. D'une certaine façon, cette alerte cardiaque nous a fait du bien : moi, j'ai pu retrouver une vie de couple avec mon mari, quant à Alex, autant dire qu'il était plus que ravi ! Son calvaire allait prendre fin.

Sitôt arrivés dans notre nouvelle maison, j'ai été saisie par un sentiment de nostalgie. Je ne disais rien à personne, mais l'ambiance et mes occupations à l'association « La main ouverte » me manquaient. Je pensais à tous ces gens que j'avais laissés là-bas. J'étais certaine que j'aurais pu ouvrir un cabinet de sophrologie en septembre tant j'avais de demandes. Il me fallait ici tout recommencer.

Heureusement, une bonne nouvelle est venue réchauffer mon cœur : la rentrée en 4e d'Alexandre se déroula merveilleusement bien. Le collège, proche du village et entouré de forêts, était très accueillant. Alex s'intégra parfaitement dans sa classe, il se fit très vite des amis. Il rejoignit même la chorale du collège et releva le défi de chanter en solo devant 500 personnes. Nous étions impressionnés par cette voix de ténor qu'il nous avait si bien cachée. Je ris encore en pensant à la réaction d'Alain. Il se retournait pour dire à tout le monde : « C'est mon fils ! C'est mon fils ! » Derrière le caméscope, mes larmes coulaient. Le voir sur scène si épanoui et applaudi par la salle après tout ce qu'il avait vécu, c'était une belle revanche.

Le conseiller principal d'éducation du collège était venu nous voir avant que le spectacle commence pour nous saluer : « Qu'est-ce que vous devez être fiers de votre fils ! Si tous les gamins étaient comme lui, notre métier serait un pur bonheur. Il m'impressionne… » De même, nous ne recevions que des compliments de la part des professeurs. C'était un grand soulagement. Alex invitait régulièrement des copines et des copains à la maison. Tout rentrait dans l'ordre, notre fils allait bien.

De mon côté, j'avais été contactée par une association qui me proposa une place d'auxiliaire de vie. Je m'occupais ainsi tous les jours d'une enfant de 14 ans, Karen, très lourdement handicapée mentale et physique. Nous la recevions à la maison avec les enfants qui l'accueillaient comme une amie.

Au bout de quelques mois, nous avons déménagé à nouveau, aidés par des amis – nos changements d'adresse successifs devenaient une source de plaisanteries entre nous. Tout alla très vite encore, je décrochai un contrat chez Peugeot Citroën pour tester des voitures sur circuit.

Dix jours plus tard, j'étais enceinte de mon 3e enfant. Un beau cadeau de l'amour lui aussi, puisque c'était le jour de la Saint-Valentin.

Alexandre avait très envie de lui apprendre tout ce qu'il savait. Il voulait un petit frère cette fois. « Les filles, ça pleurniche de trop ! » disait-il.

Notre petit Salomon arriva le 7 novembre 2000. Je me souviens du moment où Alexandre le vit pour la première fois. J'étais assise sur le lit avec mon bébé qui dormait paisiblement dans mes bras. J'entends encore Alex gravir les escaliers à toute vitesse. « Bonjour Salomon, je suis ton grand frère ! Bienvenue dans la famille. Tu vas voir, c'est une famille un peu bizarre, mais c'est une chouette famille quand même ! » Je me souviens avoir alors pensé qu'il deviendrait un bon père…

*

* *

J'entendais les autres parents parler de crise d'adolescence et je me demandais parfois quand Alex ferait la sienne. Sans doute cela arriverait-il avec la venue d'une petite amie dans sa vie, me disais-je. Et je le taquinais souvent à ce sujet…

C'est incroyable tout ce que j'ai pu mettre en œuvre pour occulter les signes. Il y a eu tant de mots, de situations, d'attitudes qui auraient dû attirer mon attention, m'alerter. Et pourtant, je suis restée axée sur la vision que je voulais avoir de mon fils.

J'ai toujours refusé de voir.

Même Alain me fit un soir une remarque sur les manières plutôt efféminées d'Alex. Il l'avait emmené à son entreprise pour qu'il découvre le monde du travail. Alex s'était montré très enthousiaste, et même un peu trop, selon Alain, qui l'avait trouvé particulièrement exubérant, au point de le mettre mal à l'aise. Il lui avait alors demandé d'être « plus discret ». Je fis celle qui ne comprenait pas et préférai penser qu'il s'agissait tout simplement d'une attitude provocatrice d'ado. Tout cela allait passer. J'avais même répondu à Alain : « Plus on va lui faire de remontrances, plus il va se braquer ! Ce n'est pas bien méchant ! » Si je l'avais écouté, si nous avions discuté, si je ne m'étais pas fermée, si j'avais admis qu'il avait raison…

Je revois aussi Alexandre assis à notre bureau en train de téléphoner. Ce devait être un mois ou deux avant la venue de Vincent à la maison. Peut-être était-il en ligne avec lui d'ailleurs. Sa manière d'articuler, de laisser traîner la fin de ses phrases ou de rire en rejetant la tête en arrière m'avait marquée. Cela n'avait rien de très masculin, au point que je trouvais mon fils ridicule. Mais j'ai encore pensé qu'il se donnait un genre, comme tous les adolescents.

J'ai toujours refusé de voir et refusé d'entendre la vérité. Même de la bouche d'un enseignant. Alain et moi avions pris rendez-vous avec son professeur d'histoire, car nous étions inquiets de ses résultats en baisse. Ce devait être en avril, nous approchions du baccalauréat. Le portrait qu'il nous fit d'Alex ne nous étonnait qu'à moitié. Nous savions qu'il ne s'entendait pas avec ce professeur qui lui reprochait de se reposer sur ses acquis et de lancer en classe des débats d'idées bien éloignés du programme. Et d'après l'enseignant, Alex aurait profité d'un cours sur les droits de l'homme pour demander la parole et faire son *coming out*...

Coming out... C'était la première fois que j'entendais cette expression ! Je n'en comprenais pas vraiment le sens, mais j'aurais pu le deviner si j'avais voulu faire un effort. Au ton contrarié du professeur, j'ai préféré ne pas relever cette phrase. J'ai bien vu qu'il attendait une réaction de notre part. Celle-ci ne venant pas, il a repris sa conversation sur les résultats d'Alex...

J'ai un autre souvenir. Pour ses 16 ans, j'avais préparé une surprise à Alexandre en invitant ses plus fidèles amis. Après une coupe de champagne, les esprits étaient festifs et les langues se délièrent. Je surpris une conversation malgré moi pendant que je coupais le gâteau. Deux de ses amis se rappelaient qu'Alexandre n'avait pas pu assister au feu d'artifice qu'ils lui avaient organisé parce qu'il s'était occupé jusqu'au matin d'un garçon qui avait fait un malaise... Je me souviens de leur sourire complice. J'ai eu alors un doute que j'ai instantanément rejeté.

Je me suis raisonnée : Alexandre avait dû être gentil en prenant soin de quelqu'un de malade au lieu de s'amuser. Ce qui fut peut-être le cas d'ailleurs. J'ai été encore plus loin dans le déni. Cela s'est passé quelques jours avant le fameux week-end, j'ai inconsciemment effacé de ma mémoire la date précise. Alain et moi venions de nous coucher, mais Alexandre faisait tant de bruit dans sa chambre que nous ne pouvions trouver le sommeil. De mauvaise humeur au dîner, il changeait à présent ses meubles de place à une heure très tardive et sans aucun ménagement. J'avais même l'impression qu'il jetait des objets contre les murs. Cela ne lui ressemblait pas. Alain décida d'aller lui demander de se calmer. Très vite, les bruits cessèrent et je m'endormis profondément.

En pleine nuit, l'absence de mon mari à mes côtés me réveilla en sursaut. Alain était descendu discuter avec Alexandre depuis plus de deux heures. Je me levai et les entendis parler tout bas. Le sommeil me fit battre en retraite. « Je saurai demain », pensai-je en remontant me coucher. Un peu plus tard, Alain fit volontairement du bruit en se rallongeant à côté de moi. Il était nerveux, quelque chose le perturbait. Il respirait fort et soufflait en se retournant d'un côté et de l'autre.

– Que se passe-t-il ? demandai-je.

– Je ne sais pas comment te le dire.

– Ah bon ? Qu'est-ce qu'il a ? C'est grave ?

– Dors, on en parlera demain, je suis fatigué. On a beaucoup discuté avec Alex. Il faudra que je t'explique. C'est important.

Je m'assis dans le lit pour être plus attentive :

– Ah non, maintenant tu en as trop dit ! Tu m'inquiètes…

Il se tourna vers moi et me dit d'une voix très fatiguée :

– Alexandre a craqué ce soir. Il est mal dans sa peau parce qu'il ne sait pas comment te dire qu'il est homosexuel. Surtout à toi. Il a peur de ta réaction.

– Quoi ? Non, mais tu plaisantes ! Ce n'est pas possible !

Je niais encore et toujours :

– C'est l'adolescence, il se révolte un peu, ça va passer.

– Non, je t'assure qu'il est sérieux et bien conscient de ce qu'il dit. Il m'a avoué qu'il s'est toujours senti homo. Il a fait semblant jusqu'à aujourd'hui et il veut qu'on le sache, parce que pour lui c'est devenu trop difficile à vivre.

J'insistais, certaine de ce que j'avançais : « Ce n'est pas possible ! Pas Alex ! Mais comment peut-il affirmer ça ? Il est jeune encore… »

Je tentai de me calmer, refusant d'écouter Alain qui ajouta :

– J'ai fait celui qui pouvait comprendre quand il me l'a annoncé. Mais je peux te dire qu'en tant qu'homme, j'ai du mal ! Tu sais, il ne paraissait vraiment pas dans son assiette. Tu verrais l'état de sa chambre ! Ça lui a fait du bien de parler. Il veut que je te le dise d'abord. Et il attend que tu ailles le voir.

J'étais abasourdie. Choquée même. Je me sentais complètement impuissante face à cette révélation. Le calme était revenu dans la maison. Dans ma tête, les phrases d'Alain tournaient en boucle. Je pensais à Alexandre. Pourquoi dire qu'il était homosexuel à son âge ? Que lui arrivait-il ? Je cherchais des preuves pour m'assurer du contraire : il avait eu de bonnes copines. Elles dormaient à la maison parfois. C'est vrai que je ne l'avais jamais vu embrasser une fille, et alors ? Il l'avait peut-être fait en cachette.

Mon bébé, mon fils, mon grand, ne serait plus l'enfant que je croyais connaître. Un flot de tristesse m'envahit. J'aurais voulu le prendre dans mes bras, comme lorsqu'il était tout petit. Je me suis dit que j'allais lui expliquer ce qui risquait d'arriver s'il commettait cette erreur. Des larmes coulaient sur mon oreiller. Alain ne dormait pas non plus. Je l'entendais ruminer, avaler sa salive… Pleurait-il lui aussi ?

Que se sont-ils dit ? J'aurais aimé le savoir plus en détail. Je me sentais trahie par Alex parce qu'il s'était confié à Alain plutôt qu'à moi. Pourquoi mon propre fils ne pouvait-il pas me parler librement ? Comment avais-je perdu sa confiance ?

Je me focalisais non pas sur sa révélation, mais sur l'interlocuteur qu'il avait choisi, et j'étais jalouse. Je finis par m'endormir, fatiguée de pleurer.

*

* *

Le lendemain matin, mon petit déjeuner fut endeuillé, comme si j'avais appris la mort de quelqu'un. Je me sentais gauche. Je n'avais envie de rien. Je me demandai pourquoi je m'étais levée si tôt. Je n'éprouvais aucune motivation à entreprendre quoi que ce soit. J'avais un sentiment de gueule de bois, de bouche pâteuse. J'étais en état de choc, je crois. Mon cerveau était engourdi. Je buvais mon café machinalement dans la cuisine. Je savais la présence de mon fils qui dormait là-haut, juste au-dessus. Alain ne disait rien non plus. Il m'avait rejointe, réveillé sans doute par le bruit de mes pas dans cette maison silencieuse. Nous étions tous les deux groggy. Lui était debout face à la fenêtre à regarder dehors. Moi assise devant mon bol à tourner ma cuillère. Il devait attendre que je parle la première. Je n'en avais pas le courage. Je ne voulais rien savoir, et pourtant je l'enviais d'avoir eu cet échange avec Alexandre, cette exclusivité. J'avais même l'impression qu'Alain tirait satisfaction d'avoir été le confident de notre fils. Mon ego de maman en prenait un coup. Je nageais en pleine contradiction.

Mais qu'est-ce que j'allais pouvoir dire à Alex quand il se lèverait ? Il attendait que je lui parle. Je n'en avais aucune envie. Je n'avais rien à lui dire puisqu'il ne m'avait rien révélé. Je sortis prendre l'air dans le jardin. J'éprouvais de la colère contre mon fils, mais aussi contre moi-même. La mère dévouée, aimante, présente, compréhensive, la super maman venait de perdre l'estime d'elle-même. J'étais incapable de penser de façon réfléchie. Je mis cela sur le compte de la fatigue.

Je revins à la réalité en voyant mon Alex dans la cuisine qui prenait son petit déjeuner. Il était pourtant tôt. Je m'arrêtai net sur le pas de la porte. Je n'osais même pas entrer. Il ne fit pas un geste, ni un sourire, ce qui me rappela qu'il attendait une réaction de ma part. La tension était palpable. Il n'osait pas me regarder. Il n'était plus le même. Je m'approchai pour l'embrasser sur la tête, comme d'habitude : « Bonjour, ma puce. Tu as bien dormi ? » lui demandai-je d'une voix atone et sans attendre véritablement de réponse. Puis je vaquai à mes occupations, comme si de rien n'était.

Je me sentis très vite mieux. S'il voulait me parler, et si vraiment c'était important pour lui, il le ferait ? Alors, me voyant inchangée, il serait rassuré, me dis-je.

Le lundi matin, Alex partit à l'internat pour la semaine. Je trouvai juste le courage de lui dire ces quelques mots avant son départ : « Tu sais, Alex, quoi que tu fasses, même si je ne suis pas d'accord avec toi, je t'aime. » J'avais rempli mon rôle de mère. Pour moi, il suffirait de laisser le temps faire son œuvre. Et le week-end suivant, tout serait rentré dans l'ordre. La semaine aurait effacé ce mauvais rêve de la nuit blanche d'Alex et Alain. La vie aurait repris son cours…

Le questionnement

J'ai toujours refusé de l'accepter, mais en vérité, je m'en doutais depuis longtemps. Je crois que je sais qu'Alexandre est homosexuel depuis qu'il est tout petit. Pour être tout à fait honnête, je m'attendais à ce que mon fils développe un penchant pour les garçons. Au fond de moi, je savais bien qu'il avait toujours été différent. Pas uniquement par ses manières. C'était plus subtil. J'étais fière qu'il soit exceptionnel, extraordinaire. Cela ne faisait-il pas de moi une mère extraordinaire ? J'étais convaincue que mes enfants, et donc Alexandre, ne pourraient jamais me décevoir. J'ai toujours pensé que je serais capable de tout accepter d'eux. Je les aime tant. Et de toute façon, puisqu'ils sont miens, ils ne peuvent qu'être bien ! Je les ai toujours regardés comme des trésors précieux dont je pouvais m'enorgueillir. Alexandre a été si parfait. Il ne m'a apporté que des satisfactions, et ce malgré ses difficultés avec les autres à l'école.

J'ai côtoyé dans mon entourage des personnes homosexuelles. Femmes et hommes, cela ne me gênait pas. C'était leur vie. Je ne portais aucun jugement. Si on m'avait appris que l'un de mes frères ou un neveu, ou même mon père, était homosexuel, je crois que j'aurais bien mieux réagi que pour mon fils.

*

* *

Une semaine venait de s'écouler depuis la venue de Vincent, le petit copain d'Alex. Le hasard avait fait qu'Alexandre était absent pour la semaine. Il suivait une formation au BAFA à Nogent-le-Rotrou et il était convenu depuis longtemps qu'il ne rentrerait pas le soir. Je soufflais un peu, mais j'appréhendais le week-end qui arrivait. Cette colère silencieuse continuait de m'habiter chaque fois que je pensais à mon fils. J'attendais un miracle. Je voulais effacer ce qui s'était passé. Je réfléchissais… Je voulais qu'il consulte rapidement ! Il avait forcément besoin de parler. Une psychothérapie saurait le faire revenir dans le droit chemin. Il devait consulter pour se libérer.

Après avoir passé dix-sept ans à vivre dans le déni, j'ai cherché à réparer ce qui d'après moi pouvait encore l'être. J'étais persuadée qu'une thérapie lui permettrait de mieux comprendre la blessure qui le poussait à s'orienter dans cette direction. J'étais convaincue de pouvoir le sauver encore. Je décidai donc de prendre rendez-vous pour lui chez un psychologue.

Ce problème d'homosexualité venait forcément d'un traumatisme lié à son enfance. Je ne voulais pas savoir à quoi cela était dû. Mais lui en aurait besoin. Un individu ne pouvait pas se sentir équilibré s'il n'était pas en accord avec lui-même. Il n'était pas encore majeur, je pouvais prendre cette décision pour lui. C'était d'ailleurs mon rôle. Je l'avais bien fait quand il avait cinq ans et rencontrait des problèmes avec son père. J'aurais peut-être dû insister à cette époque pour qu'il continue sa thérapie. Je n'ai jamais demandé au pédopsychiatre ce qu'il en pensait. Je lui ai fait confiance puisqu'il m'affirmait qu'Alex allait mieux. En réalité, c'est surtout Alex qui m'avait dit ne plus en avoir besoin. Je n'aurais pas dû l'écouter, cela aurait peut-être changé le cours des choses. La société actuelle ne tolère pas les homosexuels. Il lui faudrait beaucoup de force pour dépasser ça.

Il y avait peu de psychologues à Nogent-le-Rotrou. Je choisis au hasard dans l'annuaire un nom et prénom de femme qui m'attiraient. Je ne savais pas pourquoi, mais j'imaginais qu'avec une femme ce serait plus facile pour Alex, que le courant passerait mieux… Je téléphonai donc à cette psy et lui expliquai les raisons de mon appel :

– J'ai besoin de parler avec vous de la situation de mon fils.

– S'il s'agit de votre fils, alors qu'il m'appelle.

Un peu surprise par ce ton et cette réponse, j'insistai :

– Je suis sa mère, il n'est pas majeur et je sais qu'il a besoin d'aide.

– Oui, sûrement, mais vous pouvez peut-être commencer à l'aider en vous aidant vous-même.

J'étais stupéfaite et continuai à raconter notre histoire :

– Il nous a récemment avoué qu'il était homosexuel et cela s'est mal passé.

– Ah oui, je vois… Pour vous ou pour lui ?

– Pour les deux.

– Je ne recevrai que l'un des deux. Je pense qu'il vaut mieux commencer par vous puisque c'est vous qui téléphonez.

Je me rendis compte que ma démarche me mettait au pied du mur. J'acceptai de la rencontrer. Je me dis qu'entre femmes on se comprendrait, surtout si elle était mère.

– D'accord, je prends rendez-vous.

– 40 euros pour une séance d'une demi-heure, ça vous va ?

– 40 euros ? C'est bien cher pour quelqu'un qui n'a pas de problème, mais bon, c'est d'accord…

Je ne savais pas combien de séances seraient nécessaires pour aider mon fils, cela m'était égal. Je désirais tellement qu'il aille mieux. Vivement que tout cela se termine !

*

* *

La salle d'attente était neutre avec ses murs blancs, un peu triste même. Des revues spécialisées en psychologie étaient impeccablement bien rangées sur la table basse au centre de la toute petite pièce. Leur couverture ne me donnait pas du tout envie de les feuilleter.

Qu'allais-je bien pouvoir lui dire ? Pourrait-elle comprendre ? Je réfléchis et préparai mes phrases. J'étais très mal à l'aise. Je me dis que ce serait plus facile si Alain était là. Après tout, il était autant perturbé que moi…

Enfin, elle apparut. J'étais surprise par son allure. Elle était petite, un peu voûtée, et ses cheveux étaient très noirs. Je me demandai si elle n'était pas en deuil. Son cabinet était plus agréable que la salle d'attente. Elle m'invita à m'asseoir dans un fauteuil qui se trouvait en plein milieu de la pièce. Curieuse place pour un fauteuil. Il y avait aussi un divan pour allonger le patient trop éprouvé, je suppose. Elle s'installa assez loin de moi, près de la fenêtre. Elle regardait de temps en temps derrière le rideau. Elle ne parlait pas. Je ne savais pas si je devais parler.

Mais qu'est-ce que je faisais là ? Mon manteau sur mes genoux, je me sentais gauche. Elle finit par me regarder. Je ne savais que penser de son attitude. J'avais l'impression qu'elle jouait un rôle. Je la trouvais un peu ridicule avec son long porte-cigarette.

– Qu'est-ce qui vous amène ?

– Je viens pour mon fils qui…

Elle me coupa la parole immédiatement : « Vous n'êtes pas votre fils il me semble… Parlez-moi de vous. » lança-t-elle sèchement en crachant la fumée vers le plafond.

Je n'aimais pas ses méthodes :

– Moi, je n'ai pas de problème. En fait, notre fils nous a annoncé qu'il…

– Qui « nous » ?

Elle jeta sa cigarette sans l'éteindre dans le cendrier. Elle s'amusait avec moi. Je lui répondis sur le même ton :

– Moi et mon mari.

J'avais envie de partir, mais je voulais lui dire ses quatre vérités. Je n'avais plus rien à perdre. Elle n'était pas du tout à la hauteur de ce que j'attendais. Je jouai donc franc-jeu.

« Madame, si vous n'écoutez pas les gens qui viennent vous voir, je vous conseille de changer de métier. J'aimerais bien vous expliquer pourquoi je suis là. Après, vous me direz si vous pouvez m'aider ou non. »

Elle reprit son porte-cigarette très tranquillement. Tous ses gestes étaient lents, posés.

« Eh bien, c'est un bon début ! Ça vous dérange si je fume ? »

C'en était trop. Elle m'exaspérait. Quelle arrogance ! L'envie me prit de la défier sur son propre terrain.

« Oui, ça me dérange que vous fumiez. D'ailleurs, je peux vous aider à arrêter. J'ai créé une méthode pour ça au sein de l'association La main ouverte, en 1996. Aidée par la sophrologie, un protocole comportemental et un moyen de sevrage progressif, je peux vous aider à arrêter en six semaines. »

Elle se mit à rire :

« Ah ! Vous êtes venue m'aider en somme. »

Elle changea de ton et son visage se fit plus doux :

« Bon, revenons à vous. Racontez-moi votre enfance. »

Ce n'était pas possible ! Je venais lui parler de mon fils et de son homosexualité, et elle me demandait de raconter mon enfance ! Quel était le rapport ? Elle ne se rendait pas compte du courage qu'il m'avait fallu pour venir ici. Par fierté, je crois, je commençai à lui raconter comment une brave petite guerrière comme moi en avait bavé, affrontant seule bien des tempêtes dès son plus jeune âge.

Au moment où j'allais parler de mon père, qui a refusé de me reconnaître, elle regarda sa montre et me stoppa :

– Merci. On se voit dans quinze jours ?

– Quoi ? C'est déjà fini ? Mais quelle arnaque ! Je n'ai pas eu le temps de dire quoi que ce soit sur mon fils ! C'est pour lui que je viens. C'est incroyable !

– Vous me le direz la prochaine fois. On se verra toujours le même jour à la même heure. Ça vous va ? Toute consultation non décommandée quarante-huit heures à l'avance sera due. Des questions ?

J'étais stupéfaite.

Je repartis en pestant. Alain m'attendait. Il m'observa monter dans la voiture. D'un air complice, il me demanda : « Alors ? »

Exaspérée, je lui répondis : « Alors rien. C'est une vieille peau qui se nourrit du malheur des autres. Il est hors de question que je retourne voir cette bonne femme. »

Je lui fis un bref résumé et réfléchis pendant tout le trajet du retour à ce qui venait de se passer. Je ressentais un défi à relever. Comme si j'avais quelque chose à lui prouver. C'était peut-être totalement idiot, mais je décidai d'y retourner. Mais la prochaine fois, c'est moi qui mènerais la séance.

Quinze jours plus tard, je me rendis à son cabinet. J'avais pris le temps de noter les points que je désirais aborder.

Je ne l'attendis pas longtemps. Elle arriva de l'extérieur. Sa tenue était bien plus colorée que la dernière fois, elle paraissait plus sympathique. Avant même de s'installer, elle me demanda comment allait mon fils. Sa question me déstabilisa. Je pris mes notes et énumérai mes suppositions. Je lui racontai que durant toute ma grossesse j'avais pensé attendre une fille jusqu'au dernier moment (cela avait dû jouer sur son comportement), que je m'étais séparée de son père (il cherchait peut-être donc un père de substitution auprès d'autres garçons), à moins que ce ne soit notre relation trop fusionnelle (il ne parvenait pas à trouver une femme comme sa mère)…

Elle écouta. J'étais contente d'avoir dit tout ce qui n'avait pu sortir à l'entretien précédent. J'étais assez fière de moi. Avec beaucoup de douceur, elle me demanda :

« Comment vivez-vous la réaction de votre mari ? De son père ? Des autres membres de la famille ? » Je ne m'étais pas posé la question. J'ignorais si Richard, le père d'Alexandre, savait. J'expliquai qu'il n'y avait que mon mari et moi qui étions au courant.

D'ailleurs, il nous paraissait important que personne ne sache.

– Pourquoi ?

– Parce que nous mettrions notre fils en danger.

Je n'osai avouer que j'avais peur du regard des autres sur lui, et sur nous, ses parents.

– Et votre réaction, comment la jugez-vous aujourd'hui ?

Je ne sus pas du tout répondre. Je m'embrouillai, submergée par l'émotion.

– Je suis déçue que mon fils ne m'ait pas parlé avant mon mari. Il y a longtemps que je m'en doutais. Vous savez, on se dit tout dans la famille…

– Ah oui ? Vraiment tout ? C'est bien ça.

– Oui, enfin on essaie…

*

* *

Après ce fameux week-end du *coming out* d'Alexandre, nous sommes partis deux semaines en vacances au Cap Breton. Je pensais que cela suffirait à renouer avec Alex. Nous avions loué un grand chalet pour nous cinq dans un grand camping avec plein d'activités pour les enfants. Les huit premiers jours ont été très pénibles. Alexandre était fermé et affichait dès le réveil une mine triste. Il voulait rester cloîtré dans sa chambre, allongé sur son lit, à écouter la radio. Il refusait de venir avec nous en balade ou de manger à table, objectant qu'il n'avait pas faim. Il évitait d'être en notre présence. Il ne faisait un effort qu'avec sa sœur et son petit frère. Un jour, alors que nous revenions de la piscine en fin d'après-midi, il était parti. Nous étions morts d'inquiétude. Il ne rentra que pour le dîner sans s'excuser, prétextant s'être longuement promené. Nous ne savions plus comment agir avec lui. J'essayais de faire comme si de rien n'était. Je culpabilisais de ne pas réussir à retrouver un équilibre émotionnel. Cette situation me rendait plus nerveuse, moins patiente avec mon entourage. J'étais malheureuse. Si j'avais pu lui parler, peut-être que cela aurait changé quelque chose dans son attitude, mais j'en étais incapable. J'étais contre son homosexualité, mais pas contre lui. Un duel intérieur ô combien destructeur se jouait en moi.

J'étais certaine qu'il pensait toujours à ce garçon. Peut-être lui téléphonait-il d'une cabine. Il lui arrivait de revenir plus enjoué après s'être absenté un long moment. Je le soupçonnais aussi de nous cacher des projets pour la rentrée ou de préparer une fugue. Nos vacances gâchées par ce jeune homme ne faisaient que renforcer mon refus d'accepter cette homosexualité.

Alexandre et moi n'avions plus du tout les mêmes rapports, je pense même que nous étions en colère l'un contre l'autre. Heureusement, le temps était venu pour Alexandre de prendre son envol. Baccalauréat en poche, il s'inscrivit à l'université du Mans. Je l'ai épaulé dans ses préparatifs, aidé à trouver un logement étudiant, espérant que les choses s'arrangeraient entre nous. Toutefois, je ne peux pas dire que nous avions vraiment renoué le dialogue, qui se résumait au strict minimum. Paradoxalement, j'ai beaucoup pleuré son départ. J'aurais aimé que cela se passe autrement. Je le savais seul, livré à lui-même, libre de faire ce qu'il voulait.

À la maison, sans lui, il y avait un grand vide bien sûr, mais je ressentais également un soulagement. Je profitais de mon congé parental pour m'occuper des enfants, jusqu'à ce que je trouve un mi-temps en pharmacie. Alain était très souvent sur les routes. Ce travail me permit de me changer les idées.

Nous avions des nouvelles d'Alexandre par téléphone. Il était très heureux. Son logement minuscule lui convenait parfaitement et il partageait une grande cuisine avec plusieurs autres étudiants. Il restait évasif sur son quotidien, mais nous faisait comprendre qu'il savait se débrouiller seul.

Une chose me tracassait : j'avais peur que son homosexualité lui fasse du tort auprès des autres. Saurait-il y faire face ? Comment pouvait-il vivre avec ce poids tous les jours sans souffrir ? Je me posais des tas de questions, sans avoir aucune réponse. Avait-il revu ce jeune homme ? Maintenant qu'il pouvait faire ce qu'il voulait, nous ne savions rien. Il me confia en juin de l'année suivante que cette liberté lui avait fait beaucoup de bien, qu'il étouffait chez nous. Ce besoin de sortir, de rencontrer d'autres jeunes lui était nécessaire. J'ai su peu de choses sur sa vie d'étudiant, mais il y en a une qui ne m'a pas échappée : il a totalement raté sa première année de fac…

*

* *

Je sais aujourd'hui pourquoi j'ai tant nié l'évidence : parce qu'il chamboulait ma vie de mère. Si mon fils ne ressemblait plus à celui qu'il avait toujours été, cela me remettait en cause. On me l'avait tant envié ce fils ! Si j'acceptais son homosexualité, les regards qu'on allait porter sur lui seraient différents.

Je ne lui ai pas laissé d'autre choix que de me mettre devant l'évidence en amenant Vincent à la maison. Pourtant, j'ai encore voulu fuir la vérité. J'ai préféré nier, considérer que cela n'était qu'un petit dérapage et trouver toutes les excuses possibles. Je crois qu'Alex a pensé que cette façon violente de m'annoncer ses préférences était la seule qui m'ouvrirait les yeux, m'obligerait à admettre la réalité crue, la vraie, pas celle que je concevais pour lui.

Mon enfant venait de descendre du piédestal sur lequel je l'avais toujours placé. Ses « préférences sexuelles », comme on dit, étaient une sorte de trahison des valeurs que j'avais cru lui transmettre. La perfection qu'il incarnait à mes yeux depuis sa naissance venait de disparaître subitement.

Si j'ai longtemps nié, c'est aussi parce que je fuyais ce que je considérais comme mon propre échec. Se rendre compte que l'on n'accepte plus son propre enfant est une torture. Quand j'ai accompagné Vincent jusqu'à la gare en compagnie d'Alexandre, j'ai non seulement subi la gifle de l'homosexualité de mon fils mais, pire encore, je me suis rendu compte de mon intolérance. J'ai été touchée par la vulnérabilité de Vincent. Cette sensibilité qui émanait de lui me rappelait mon propre fils. Il était malheureux de me voir malheureuse. Il en était la cause. Cette empathie dont il avait su faire preuve à mon égard me décontenançait. Moi, je n'étais pas en mesure d'être si indulgente, je ne pouvais accepter que l'autre ne pense pas comme moi. Il m'a renvoyé une image négative de moi-même. Lui, en me prouvant sa tolérance, pointait du doigt mon intolérance. J'ai pleuré ce jour-là à la gare en découvrant combien je pouvais être cruelle. Alexandre et Vincent ont révélé une facette de moi-même purement égoïste. En accord avec ce qu'ils voulaient vivre, et totalement eux-mêmes, ils étaient unis et témoignaient d'une force devant laquelle je me sentais démunie. Pour retrouver ma tranquillité, mon confort, ma vie d'avant, j'ai nié.

*

* *

Je n'avais ni prévu ni envie de voir cette psy. Encore moins de suivre une thérapie. Et pourtant, j'y suis retournée pendant plus d'un an. Cette femme a su faire sauter un verrou en moi et a ouvert la malle de mes secrets de famille.

Je suis la seule dans la famille à avoir les yeux verts, les cheveux clairs et un corps longiligne. Souvent, je me suis demandé s'il n'y avait pas eu erreur à la maternité. Ma mère était sous anesthésie générale pendant la césarienne, c'est une éventualité que je n'ai jamais écartée…

Je suis née dans une petite maternité de Puteaux. Reconnue par mon grand-père, comme mon frère aîné et, plus tard, mon petit frère. Ma mère avait 28 ans à ma naissance. C'était une jolie femme brune, tout en rondeurs, pleine de charme et séductrice.

Je commence donc la vie sans père, puisque mon géniteur ne veut surtout pas que l'on sache que j'existe. Si sa femme et son fils venaient à l'apprendre, cela ferait désordre dans sa vie d'engagé politique – il était maire adjoint – et ingénieur dans une société d'armement, appris-je plus tard.

Je ne connais ni son histoire, ni son passé, ni sa vie de mari et de père, mais je connaissais sa maison. Ma mère me l'avait montrée. Lorsque nous nous rendions mes frères, ma mère et moi chez mes grands-parents, nous passions devant. J'aimais marcher du côté de ce trottoir et toucher les barreaux de la grille. Je sautillais joyeusement et disais à ma mère : « Je vais faire coucou à papa. » Sur la pointe des pieds, je m'efforçais de sauter très haut pour apercevoir le bout du toit à travers la porte en fer forgé. Mais peut-être n'était-ce pas sa maison, ma mère aurait pu inventer cette histoire pour masquer une vérité tout autre, je ne sais pas. En tout cas, je ne l'ai jamais aperçu, ni lui, ni personne d'autre d'ailleurs dans ce jardin. Mon père, c'était le sujet tabou à la maison.

On se voyait pourtant. J'ai peu de souvenirs de lui, mais ils sont forts. Quand papa venait « se reposer » avec maman, disait-elle, elle nous interdisait d'entrer dans la chambre du fond. Nous habitions un petit trois pièces dans un HLM. Maman dormait dans le salon où elle avait installé son grand lit. La chambre au bout du couloir à droite, c'était celle de mon grand frère. Mon petit frère et moi nous étions à gauche. Au milieu, le couloir était notre terrain de jeux. Nous y passions des heures ! Nous devions donc rester sages dans le salon jusqu'à ce qu'ils ouvrent à nouveau la porte. On entendait du bruit, des soupirs. Ils se faisaient des câlins dans la chambre de mon grand frère. Nous ne comprenions pas bien leur drôle de jeu, mais nous étions certains qu'on nous cachait quelque chose. Alors, nous faisions du raffut pour nous faire remarquer. Cela se terminait presque à chaque fois par une fessée.

Je ne peux pas dire que je n'aimais pas ces moments. J'étais trop petite pour tout saisir. Et c'était même l'unique façon pour moi de profiter de mon père qui ne restait jamais bien longtemps, hélas.

Le second souvenir remonte à Noël 1964. Nous avions décoré un beau sapin en chantant *Petit papa Noël* avec mon frère. Excités comme tous les enfants le soir de Noël, nous sommes vite allés nous coucher, pressés de découvrir nos cadeaux au réveil. Cette année-là, mon père avait promis à ma mère d'apporter les paquets une fois tout le monde endormi. Mais il n'est pas venu. Le lendemain matin, une drôle de surprise m'attendait dans le salon, le père Noël avait oublié de s'arrêter à la maison. Ma déception était immense. Je pensai immédiatement que nous avions été punis. Ma mère, désolée, m'expliqua que mon grand-père lui avait téléphoné hier soir pour lui dire que le père Noël s'était trompé de maison. Tout d'un coup, j'entendis toquer à la porte. Je m'en souviens comme si c'était hier. Cela me fit sursauter, je criai : « C'est le père Noël ! C'est le père Noël ! » Non.

C'était encore mieux, c'était mon père, avec une ombrelle rose ramenée du Japon ou d'un pays voisin. Il voyageait beaucoup grâce aux jumelages de la ville, et rapportait des présents à chaque fois. Je la trouvais magnifique, mais j'étais surtout ravie que mon père soit là. C'était la première fois qu'il restait à genoux comme ça à me parler, à me serrer très fort contre lui et à me dire qu'il était fier de moi. Il n'est pas entré dans la maison ce jour-là. J'imagine que ma mère devait lui lancer des regards éloquents.

*

*   *

Mon année de thérapie, consacrée à comprendre ce qui n'allait pas avec mon fils, m'a aidée également à y voir plus clair sur les hommes de ma vie. Chaque séance me permettait de rassembler les pièces du puzzle et de réaliser combien la peur de l'abandon était prégnante chez moi. Peur de l'abandon, mais aussi peur du secret, des non-dits, de ce qui doit être caché parce que c'est mal. Inconsciemment, il est ancré en moi une colère vis-à-vis des hommes de la famille qui n'ont jamais véritablement assumé leur rôle de père ou de mari.

Tout commence avec mon grand-père. Je venais d'avoir 5 ans. Nous sommes le 9 septembre 1965 quand il se pend dans la salle des fêtes de la commune de Suresnes. Que s'est-il passé ? La dépression causée par une maladie incurable ? La maniaco-dépression ? La mésentente avec ma grand-mère ? Trop de pression au travail ? Un différend avec ma mère ? Personne ne saura jamais. En tout cas, moi, je ne l'ai jamais su. On m'a donné beaucoup de versions.

Dans ma malle à secrets, j'ai découvert des tas d'autres choses encore : le père de ma grand-mère a abandonné sa femme et ses deux filles, à qui il prendra tout. Une demoiselle, bien plus jeune que lui, lui avait fait perdre la tête. Mon grand-père, qui s'est suicidé, a été abandonné dans la rue par son père… Et je pourrais raconter bien d'autres histoires, d'autres secrets de famille, particulièrement douloureux. J'ai découvert la mort de mon père seulement six mois après son décès. Il est mort à l'hôpital en 1971 d'un cancer de la gorge. J'appris son décès le jour où à 12 ans je m'apprêtais à aller lui parler. Je voulais savoir si j'avais une quelconque place dans sa vie, s'il m'aimait un peu. Je questionnai ma grand-mère, bien décidée à lui demander de l'aide pour entrer en contact avec lui. Sa réponse me sonna. C'était un choc pour moi. J'étais très triste de ne pas l'avoir embrassé avant qu'il s'en aille. Pas d'adieu, pas de cérémonie, pas de deuil. Le souvenir de mon père me hanta longtemps. Je l'idéalisais, je l'imaginais en agent secret, en père aimant, mais absent pour cause de service rendu à la nation.

Ma mère ne m'a jamais permis d'en connaître plus sur mon père, et n'a pas mesuré l'importance que cela avait pour moi. Il m'a fallu attendre mes 50 ans pour faire des recherches et connaître un peu plus son histoire grâce à son petit-fils avec qui je suis entrée en contact via les réseaux sociaux. Il a été heureux de savoir que j'existais vraiment, j'étais un secret de famille. J'ai découvert aussi que j'avais une demi-sœur quelque part en France.

Je pense que c'est ma mère qui a rompu avec mon père. Elle lui avait trouvé un remplaçant qui lui non plus n'est pas resté. Leur histoire ne pouvait pas durer de toute façon, puisque mon père n'aurait jamais divorcé. J'aurais aimé qu'il reste près de nous, même en menant une double vie, cela m'aurait suffi. Sa présence était une joie, et ces courts instants me donnaient l'impression de ressembler aux autres enfants, qui avaient leurs parents tous les jours auprès d'eux.

La réalité est celle-ci : j'ai été élevée dans le secret, les non-dits et le paraître. Je me souviens que j'ai beaucoup souffert, petite, qu'on me cache la vérité. Je savais intuitivement qu'on n'employait pas les mots justes, les vrais, que quelque chose sonnait faux. Je savais qu'on attendait de moi que je sois sage, polie, disciplinée. Pour mériter l'amour de mes proches, je m'appliquais à correspondre à leur projection.

Je tâchais de faire de mon mieux pour avoir du crédit à leurs yeux. Je ne voulais pas les décevoir. Je n'avais qu'eux. Si seulement je m'étais rebellée, si seulement j'avais pu exprimer ce que je ressentais, dire librement à mon père que je voulais qu'il reste plus longtemps à la maison, dire à ma mère combien j'étais triste quand je la voyais en colère contre nous sans aucune raison, faire mes adieux à mon grand-père, confier à la maîtresse toutes les misères que je subissais dans la cour de récréation parce que je n'avais pas de beaux habits… J'aurais peut-être eu plus tôt confiance en moi. J'aurais été moi-même et non pas ce que les autres attendaient de moi, j'aurais grandi en harmonie avec mes émotions.

Grâce à ma thérapie « involontaire », j'ai compris que l'homosexualité de mon fils n'était à mes yeux que le prolongement de notre triste histoire familiale : l'abandon répété des femmes. J'avais projeté sur mon fils une vie tellement conforme à la norme que j'ai fondé sur lui l'espoir d'une « réparation » : une vie amoureuse épanouie avec une jolie jeune fille que j'aimerais comme ma fille, un beau mariage, des petits-enfants. J'avais envie que mon fils mette fin à la malédiction qui touchait les femmes de la famille de génération en génération. Je voulais que lui enfin assume un rôle de mari et de père.

Un jour, je décidai brutalement d'arrêter les séances : « Je crois que cela ira maintenant, je ne reviendrai pas dans quinze jours. »

La psy au porte-cigarette fut très surprise par mon annonce, presque contrariée :

– Mais c'est dommage ! Vous avez tellement avancé, vous pourriez allez plus loin, non ?

– Non. J'ai compris beaucoup de choses. Je vous en remercie. J'ai aimé le travail que nous avons fait ensemble. Je ne ressens plus de colère ni de ressentiment vis-à-vis de mon fils. J'aimerais bien qu'il ne soit pas homosexuel, mais c'est ainsi. Je vais avancer avec ça en tâchant de renouer le dialogue avec lui. »

La vie associative me manquait. Après avoir eu l'accord de la mairie du village, je créai des cours de gestion du stress tous les mardis soirs dans la salle des fêtes. Le maire de la commune voisine s'était montré très encourageant et élogieux à mon égard : « Vous faites preuve de compassion et vous savez pardonner en reconnaissant vos erreurs. C'est rare. Il faut du courage pour se regarder comme vous le faites. »

*

* *

Je pris beaucoup de plaisir à partager mon savoir. J'aimais rendre les gens autonomes, mettre à leur disposition des armes simples qui les aidaient à se sentir mieux. Peut-être avais-je besoin de me recréer une famille avec qui partager des centres d'intérêts.

La relaxation est pour moi une hygiène de vie. De la même façon que l'on se lave les dents tous les jours, je me lave l'esprit. Cette découverte s'est faite à l'écoute d'une cassette de détente en 1990. Rien n'est plus agréable que de se laisser guider par une douce voix, les dispositions de l'esprit se révèlent infinies. J'ai été invitée par une thérapeute travaillant en soins palliatifs sur Paris à une réunion de groupe. J'y suis allée par curiosité et flattée par sa demande, car elle ne conviait que des personnes capables de pratiquer correctement la sophrologie. J'ai appris le pouvoir du silence en soi. Tout d'abord, Véronique, la thérapeute, nous guidait par sa voix vers des univers apaisants. Puis nous restions dans le silence parfois pendant de longues heures. Je m'entraînais régulièrement à la maison chaque matin face au soleil. Je dois dire que je percevais très rapidement des changements dans ma façon d'être. Alain se mit à pratiquer aussi. Je me souviens de ces moments où nous nous isolions à tour de rôle dans le salon. J'avais un petit carnet dans lequel je notais toutes mes idées après les séances. Le temps passé dans le silence, les yeux fermés à « observer mes pensées », chassait toutes les tensions.

Une amie de notre groupe de travail me proposa de venir méditer un jour de Noël. J'acceptai, curieuse de voir ce qu'était une méditation de Noël. Une centaine de personnes, qui avaient l'air de débarquer de Katmandou, étaient déjà présentes. On nous demanda de ne pas quitter la salle jusqu'à la sonnerie du gong. Cela m'inquiétait un peu, mais Angélique, qui m'avait fait venir, me rassura : « Si cela ne nous plaît pas, dès le premier gong, nous partirons. » C'est d'accord. Tentons l'expérience. Premier gong ! Après quatre heures… Je ne sursautai même pas. Le temps passé à méditer m'avait paru très court. Je décidai de rester pour la prochaine séance et me mis aussi à pratiquer le yoga tibétain, qui m'apprenait à maîtriser ma respiration et m'apportait des moments de grande paix. Je m'inscrivis en plus aux cours de sophrologie pour comprendre les mécanismes de cette pratique. La méditation était alors devenue très présente dans ma vie et m'a été d'un grand secours dans toutes les épreuves que j'ai traversées.

Nos retrouvailles

Il aura fallu un accident pour que je renoue avec mon fils. Un accident au sens propre. Un drame qui aurait pu me coûter beaucoup plus cher que la perte de mon « fils idéal ». C'est arrivé un jour de septembre 2003, soit plus d'un an après ce fichu week-end.

Assommée, je restai au sol, incapable de me lever. Le bruit du choc résonnait en moi. Je venais de chuter du dos de Jade, la jument qui appartenait à Daniel, un de nos voisins chez qui nous allions souvent monter à cheval. Ce jour-là, je faisais la « locomotive » pour une amie qui désirait apprendre l'équitation. À cheval devant elle, je la guidais. À la fin de la séance, Daniel me proposa de sauter un obstacle, histoire de faire une pause et de dégourdir la jument. Mais Jade refusa tout d'abord l'obstacle, puis au second essai, paniqua et pila net. Elle reprit son galop pour éviter la barrière, alors je m'accrochai de toutes mes forces sous son encolure. Si je lâchais, elle me piétinait. C'est la dernière réflexion que je me suis faite. Je me souviens de mes jambes qui ballotaient dans tous les sens. La jument était apeurée, elle courait et cherchait à se débarrasser de moi. Après, c'est le trou noir, je ne sais pas ce qui s'est passé. À mon réveil, je sentis immédiatement que je m'étais déplacé le bassin.

Je sortis de la piste en rampant pour éviter d'être à nouveau blessée par la jument que Daniel tentait de calmer. C'est fou comme un être humain est capable de se dépasser dans des situations de danger ou de douleur extrême. Mes premières pensées furent en inadéquation avec la situation : je ne songeais qu'à mon petit Salomon qui arrivait de l'école par le car dans deux heures et je me demandais comment prévenir Alain. Qui allait récupérer mon Salomon ? Je devais tenir le coup pour mon petit… Est-ce lui qui me donna la force de me relever malgré la douleur ? Certainement, oui, car j'apprendrai quatre jours plus tard, en passant au bloc opératoire, que ma colonne vertébrale était brisée au niveau du sacrum et mes nerfs écrabouillés !

Daniel s'inquiéta de savoir si j'allais bien et me proposa d'aller m'allonger un peu sur le canapé. Je marchai péniblement jusqu'à sa maison à une dizaine de mètres. Mon champ visuel se rétrécit, je vis de plus en plus flou, je sentais que j'étais au bord de l'évanouissement. Je tremblais, je ne savais plus ce que je devais faire, j'étais en état de choc. J'avais très froid dans le bas du dos. J'essayais de contrôler ma respiration et de maîtriser ainsi ma peur. Je me dis que je devais téléphoner à l'école. Cette idée m'obsédait. Salomon venait de faire son entrée en maternelle quelques jours plus tôt. Si je n'étais pas présente à l'heure, il serait seul sur la route. Puis je pensai à Mélissa qui faisait elle aussi de l'équitation. J'espérais que mon accident ne déclencherait pas chez elle un blocage quand elle apprendrait la nouvelle.

Je n'eus pas de pensée particulière pour Alex. Je savais juste qu'il n'appréciait pas le cheval. En apprenant cette chute, il l'aimerait encore moins. Surtout, je pris conscience qu'en une fraction de seconde la vie pouvait basculer. Je pensai au mal que j'aurais pu faire à mes enfants et à mon mari si je ne m'étais pas relevée…

Je fis signe à Daniel que je partais. Il était perdu, mais face à tant de détermination, il me laissa partir. Je me demande encore aujourd'hui comment j'ai pu monter en voiture et conduire.

La douleur était si forte que je ne sentais pas mes pieds. Par chance, je n'étais qu'à un kilomètre de la maison. J'ai tenu. Alain arriva quelques minutes après moi. Le hasard fit qu'un de ses rendez-vous professionnels avait été annulé au dernier moment. Comme j'étais debout, il ne réalisa pas tout de suite la gravité de la situation. « Il faut que tu m'emmènes à l'hôpital. Je viens de faire une chute de cheval chez Daniel. J'ai appelé l'ostéopathe, d'après lui, il me faut une radio en urgence. » En montant dans notre chambre, il me lança : « Je me change et j'arrive. » En redescendant, il vit combien j'avais du mal à me déplacer : « Attends, je vais rapprocher au maximum la voiture. Ne bouge pas surtout. Je vais te porter. » Impossible qu'il me touche. La douleur était intense. Il me tint sous les bras ; nos multiples tentatives pour m'installer dans la voiture l'alertèrent.

À l'hôpital, on m'annonça que je n'avais rien : dix jours d'arrêt suffiraient, me dit-on. J'allais juste avoir un peu de difficultés à m'asseoir et à aller à la selle. Je fus surprise, mais je faisais confiance. Pourtant, Alain fut obligé d'aller chercher un fauteuil roulant. Je ne pouvais plus marcher, l'antidouleur prescrit n'y changeait rien.

Quatre jours plus tard, j'allai chez l'ostéopathe. Depuis ma première consultation aux urgences, la douleur me fit perdre connaissance très souvent. J'avais l'impression de recevoir des décharges dans le bassin. Le diagnostic de l'osthéo fut un second choc : « Ce n'est pas la fracture qui m'inquiète le plus, ce sont surtout les symptômes que vous me décrivez. Le fait que vous ne ressentiez rien au toucher et n'alliez pas à la selle depuis l'accident ne présage rien de bon. »

« Fracture »… J'étais abasourdie. J'aurais dû être immobilisée tout de suite. J'avais sans doute aggravé mon cas. Je devais passer un scanner pour voir l'état des nerfs.

« Ce que vous ressentez sont les signes d'une paralysie. Il faut vite consulter un chirurgien. » J'en voulais au médecin pour cette grave erreur, mais aussi à Daniel qui n'avait pas suffisamment réagi à ce moment-là. Il aurait dû me dire de ne pas bouger et appeler Alain.

L'après-midi même, la sentence tomba : il y avait bien paralysie. Une salle d'opération fut retenue pour moi au CHU du Mans où un très bon chirurgien me prit en charge immédiatement.

Je me sentis seule face à cette épreuve, même aux côtés d'Alain. Je me demandai pourquoi moi, comment j'aurais pu éviter cela. Je n'acceptais pas ce qui m'arrivait, je le refusais même. J'entendais et comprenais les mots « insensibilité », « paralysie », « traumatisme », « nerfs touchés ». J'avais peur de perdre mon autonomie physique.

*

*   *

Le chirurgien confirma la nécessité d'opérer. Alain était bouleversé. Il était évidemment très attentionné, très tendre, il m'encouragea, me rassura. Pourtant, depuis quelques mois, la tension était palpable entre nous. Il ne pensait qu'à son travail, chaque soir il rentrait de mauvaise humeur, fatigué, énervé, et s'isolait. Je l'avais alerté plusieurs fois, lui avais demandé de lever le pied, mais il ne comprenait pas. Lui avait surtout le sentiment de se donner beaucoup de mal pour faire vivre sa famille.

Seule dans le couloir à attendre que l'on m'emmène au bloc opératoire, je pensai à mes enfants. J'avais peur de cette intervention, j'osais enfin me l'avouer. Je ne me sentais pas forte à cet instant. Le chirurgien avait été très transparent : l'absence de prise en charge dès l'accident avait causé beaucoup de dommages, mes organes internes ne fonctionnaient plus, je ne sentais plus mon bassin. Comment allais-je vivre si l'intervention ne changeait rien ? Un brancardier me sortit de mes pensées en me demandant si j'étais prête. Était-il possible de l'être ? Nous étions seuls dans l'ascenseur. Je fixais la porte devant moi, j'essayais de respirer profondément. Elle s'ouvrit.

Je crus rêver en voyant Alex devant moi. Que faisait-il là ? Nous nous voyions si peu. Il était parti étudier à l'université depuis un an déjà…

Le destin avait simplement voulu que sa chambre d'étudiant se trouve tout près de la clinique. Et c'était Alain qui l'avait prévenu. Nous avons été aussi surpris l'un que l'autre. Le brancardier, qui ne savait pas qu'il s'agissait de mon fils, lui expliqua qu'il ne pouvait pas monter et appuya à nouveau sur le bouton. J'eus juste le temps de lui dire : « Va vite sur le parking voir papa s'il y est encore, il est parti me chercher quelques affaires. » Dans un sursaut de conscience, je voulus le rassurer en lui offrant un visage détendu.

Voir mon fils me redonna de la force. En l'espace de quelques secondes, je l'avais trouvé beau. Cette soudaine et inattendue apparition m'avait fait le plus grand bien. Je réalisai alors combien je l'aimais et que l'essentiel était là. J'aurais pu mourir dans cet accident et laisser tous ces non-dits nous engloutir. L'apercevoir me fit prendre conscience que je voulais balayer tout ce qui s'était passé. La vie était trop courte, il fallait profiter de chaque instant, plutôt que de se laisser parasiter par des sentiments de colère. Je pris cela comme un signe, quelqu'un de là-haut semblait me mettre en garde : « Tu aurais pu tout perdre en une fraction de seconde. Cela fait un an que tu ne vois presque pas ton fils. Ne crois-tu pas que l'essentiel, c'est d'être ensemble ? »

En salle d'opération, juste avant de perdre connaissance, mes dernières pensées furent pour mes enfants, sans distinction, et mon mari. L'homosexualité d'Alex ne me vint même pas à l'esprit, j'espérais seulement qu'il avait pu percevoir dans mon regard l'amour que je lui portais si jamais je ne me réveillais pas de cette intervention.

*

*   *

L'opération se passa bien, mais ne changea rien. Le chirurgien avait pratiqué une laminectomie, c'est-à-dire la suppression d'une partie de la vertèbre pour désenclaver les nerfs écrasés par la chute. Cela aurait dû atténuer la douleur, me permettre de retrouver plus de mobilité, et surtout une sensibilité grâce à une revascularisation progressive des nerfs. Ce ne fut pas le cas. L'intervention m'avait tout de même débarrassée d'un gros hématome qui empêchait cette vascularisation et me gênait particulièrement.

Alain était parti à un salon, pour son travail, pendant une semaine. Il m'avait ramené quelques affaires de toilette, mais avait oublié tout le reste : de quoi me changer, une robe de chambre, mes chaussons, un peu d'argent, de la lecture… Et ce fut Alex qui prit le relais.

Il arriva dans la chambre quelques jours après l'intervention, alors que j'étais assise sur un fauteuil sans pouvoir me relever. Je pleurais sur mon sort. J'étais en train de penser que je préférais mourir plutôt que de rester dans cet état.

Le temps était triste, il bruinait. Soudain, j'entendis frapper à la porte et j'aperçus Alex qui hésita à entrer. Voyant que j'étais seule, il pénétra dans ma chambre et me sourit d'un air compatissant. « Je crois que l'on m'a oubliée, lui expliquai-je. Le kiné, après notre séance, m'a mise là, car les infirmières faisaient mon lit. Je l'avais taché de sang. Je ne pensais pas avoir perdu tant de sang… Je ne sens rien. » Alex s'installa sur une chaise juste en face de moi. Il soufflait d'exaspération, comprenant que j'avais pu me sentir humiliée. « Est-ce que tu vois ou sens des progrès ? » me demanda-t-il. Je lui répondis tristement que non.

J'ai très mal vécu cette période. Il n'y avait qu'Alex qui me rendait visite. Je me suis sentie abandonnée. J'étais très mal psychologiquement, j'avais besoin de la présence de mon mari qui n'était pas là. Alain est passé de temps à autre très furtivement à chaque fois. Il est aussi venu me rendre visite un week-end avec Mélissa, Salomon et ma mère. Les tuyaux des drains impressionnèrent les enfants. Pas question de renouveler l'expérience. Et puis Alain détestait les hôpitaux. Il devait prendre sur lui pour rester.

De son côté, Alex m'expliqua qu'il n'avait pas la force de venir tous les jours, que ce n'était pas son rôle et qu'il devait penser à ses études. Cela me fit de la peine, mais je crois qu'il voulait ainsi me faire comprendre que sa souffrance n'était pas apaisée.

Me voir remuait de mauvais souvenirs alors qu'il essayait de guérir. Nous étions murés lui et moi dans le silence pour éviter de parler de tout ce qui s'était passé au moment du *coming out*. Je n'avais pourtant que lui à proximité pour m'assister. J'étais entièrement dépendante et ne pouvais lui cacher mon intimité. J'étais même gênée de certaines situations – je dus lui demander de m'acheter des protections périodiques –, mais Alex avait beaucoup de tact. Moi qui lui reprochais sa féminité, je n'assumais pas la mienne…

Je voulais tout de même lui éviter le plus possible ces visites. Je lui disais que je n'avais pas besoin de lui ou que je souhaitais dormir. Je lui devais bien ça. Je ne pensais plus du tout aux derniers mois difficiles que nous venions de traverser quand je le regardais. Mon fils était comme avant. Même si cette ombre entre nous planait, dans ma souffrance et ma solitude, elle n'avait plus la même importance.

*

* *

Les conséquences de cet accident sur ma vie furent dévastatrices. L'opération avait très légèrement atténué la douleur, qui était un peu moins fréquente, mais j'avais perdu la sensibilité de tout le côté gauche de mon bassin, jusqu'aux parties génitales. Le dessous du pied droit et le gros orteil étaient insensibles également. Je mis deux ans à retrouver la sensibilité de ces deux zones. Le chirurgien m'avait expliqué que par chance aucun nerf n'avait été sectionné. Je pouvais aussi espérer que ma vessie et mes intestins fonctionnent à nouveau normalement. Mais rien n'était sûr. Il fallait attendre six mois pour constater l'évolution. Au-delà de ce délai, les séquelles seraient physiologiquement irrémédiables.

Je traînais les pieds pour marcher, ne pouvais rester assise, ni allongée. La seule position supportable était debout, sans bouger. Et encore, pas longtemps ! Dès que je sollicitais mon corps, la douleur se déclenchait et, parfois, même immobile, je ressentais des décharges dans tout le bassin.

Je revins à la maison trois semaines après l'opération sans profiter de la rééducation d'un mois minimum qui s'imposait en centre spécialisé. Je fis le choix de rentrer pour être auprès de mes enfants. Alain partant toujours à droite à gauche en déplacement pour son travail, ma mère faisait ce qu'elle pouvait pour nous aider.

Ma souffrance physique ne diminuait pas, mon visage et mon corps en étaient transformés. Je me déplaçais comme une petite vieille avec d'énormes difficultés. Je n'étais plus la femme attirante et dynamique que j'avais toujours été. Au premier rapport sexuel que nous avons eu avec Alain, deux ou trois mois après l'opération, j'ai compris à quel point mon corps était brisé. Je n'avais aucune sensation, sinon une intense douleur dans le bassin qui m'empêchait de faire le moindre mouvement. Je l'ai très mal vécu. Et sur le moment, Alain n'a pas mesuré l'impact que cela risquait d'avoir sur moi et sur notre couple.

Sans s'en rendre compte, je crois, il s'est éloigné de moi peu à peu. Je luttais pour ne pas sombrer dans la dépression. Il ne me regardait plus avec désir. Il s'absentait de plus en plus souvent. Il m'avoua un jour qu'il en avait assez que les gens lui demandent de mes nouvelles. La vie devait reprendre son cours. Il avait raison, mais ses mots m'ont blessée.

*

* *

Pendant quatre années, se sont entremêlés mes difficultés de couple, mes efforts pour faire face aux conséquences de l'accident, la douleur quotidienne et la distance prise avec Alex. Jusqu'à ce que cède le lien qui nous unissait avec Alain.

Ce fut à nouveau le chaos dans ma vie. Mélissa et Salomon souffrirent beaucoup de nous voir nous déchirer ainsi. Il y avait encore de l'amour, mais la relation était brisée, déchirée. Je ne me sentais plus femme, Alain n'osait plus me toucher par peur de déclencher des douleurs. J'étais toujours en colère de ce qui m'arrivait, mais aussi contre Alain qui ne semblait pas me comprendre. Et nos échanges se terminaient désormais le plus souvent en dispute.

Alexandre, lui, vécut tout cela de loin, mais il savait que les tensions étaient de plus en plus fortes entre Alain et moi. Un week-end de l'année 2004, il vint nous rendre visite pour mieux se rendre compte par lui-même de ce qui se passait à la maison. Tout naturellement, nous nous sommes isolés dans ma chambre, cette même chambre où je lui avais reproché son attitude vis-à-vis de Vincent. Je me confiai à lui à cœur ouvert. Je voulais quitter Alain. Je considérais qu'il minimisait ma souffrance physique et psychologique. Je me sentais de plus en plus diminuée (psychologiquement), pour moi c'en était trop. Il fallait que je me protège. Je voulais vivre seule avec Mélissa et Salomon. Mais je culpabilisais de devoir leur faire subir cette séparation.

Alex sut trouver les mots pour m'aider à prendre cette décision : « Que tu quittes papa ou pas, vous resterez nos parents. Un enfant ne meurt pas que ses parents se quittent. Par contre, il souffre de les voir se déchirer tous les jours. Vous ne vous disputiez jamais avant l'accident. Vous arrivez à un point où il faut trancher. Mélissa et Salomon vont grandir. Et toi comme papa allez vous installer dans quelque chose de négatif et destructeur en restant ensemble. Je vais parler à papa aussi. Je ne prendrai jamais position ni pour l'un ni pour l'autre. Je vous aime pareillement. Le choix t'appartient maman et personne n'a le droit de te dire ce que tu dois faire pour être heureuse. Si tu l'es, nous le serons aussi. »

Son discours était si juste ! Quelle leçon de tolérance mon fils me donnait ! Il ne me jugeait pas, mais pensait à mon bonheur, ce que j'avais été incapable de faire pour lui.

Encouragée par son soutien, je lui fis lire ce que j'avais écrit peu de temps après l'accident, un soir où Alain se rendit chez Daniel, chez qui il continuait à faire du cheval. Je me sentais en quelque sorte trahie et délaissée. Daniel n'avait jamais souhaité ma chute et cette catastrophe dans ma vie, je le savais très embêté, mais je voulais être rassurée sur l'amour qu'Alain me portait. Son manque de réaction vis-à-vis de Daniel me fit douter de ses sentiments et, surtout, de la place qu'il m'accordait. J'aurais aimé qu'il réagisse autrement qu'en fuyant.

J'avais donc couché sur le papier le récit de l'accident, mon vécu à l'hôpital, la douleur, l'absence d'Alain, mes déceptions, mes frustrations, mes angoisses…

À la lecture, Alexandre fut très ému : « Maman, il faut que tu dises toute ta souffrance. Je ne pensais pas que cela avait été si dur pour toi. Tu parais si forte. Tu le fais croire à tout le monde. Je doute que papa sache tout cela. Écris-lui. Écris pour toi. Libère-toi de ce mal. En quittant papa, vous comprendrez peut-être que vous ne pouvez pas vous séparer ! Qui sait ? »

Avec Alain, on s'est séparés, on s'est retrouvés. Pendant quatre années. Puis nous avons vendu notre maison pour rompre définitivement, pensions-nous. Il loua une jolie maison dans un petit village tout proche. Les enfants et moi étions hébergés par Marc, un ami et voisin, qui était venu me consulter pour des problèmes de stress il y avait quelques années. Il était tombé amoureux de moi dès la première consultation et ne s'en était pas caché. Cet ami a été très à l'écoute de ma souffrance, le seul à cette époque qui me donnait l'impression d'être comprise. Dans ses yeux, je me suis à nouveau sentie femme.

En avril 2008, Alain et moi avons emménagé ensemble pour la dernière fois dans une maison dans l'Orne. Nos chevaux étaient avec nous. Nous avions tout pour être à nouveau heureux. Mais il n'y avait plus de dialogue, ni de confiance, nous n'étions plus les mêmes.

En juillet, j'offris un week-end à Londres à Alexandre et Mélissa. Un week-end à trois, sans Alain, parti à une conférence, ni Salomon que j'avais confié à ma mère. C'était la première fois depuis les fameuses vacances au Cap Breton que je passais à nouveau du temps avec mon fils. Ce fut un superbe moment de complicité autant avec lui qu'avec Mélissa. J'avais réservé une chambre dans un quartier très chic. Ils n'en revenaient pas. Je me souviens de la réflexion de Mélissa : « Ouah ! Mais c'est comme dans le film *Coup de foudre à Nothing Hill* ! » Alex, lui, a été impressionné par le majordome à l'accueil. Nous avons partagé de nombreux fous rires, car je n'arrivais pas toujours à me faire comprendre avec mon accent *frenchy*. Alex s'est montré très reconnaissant : « Je m'en rappellerai toute ma vie. Merci énormément maman pour ce cadeau. » Ce week-end m'a presque fait oublier les douleurs qui persistaient, mais que je parvenais tant bien que mal à dominer.

À notre retour, je sus que tout était fichu entre Alain et moi. Je lui annonçai mon intention de divorcer. Très vite, je trouvai une maison à louer juste à proximité pour les enfants et moi. Et notre relation avec Alex ne fit que s'améliorer. Surtout après ce week-end qui nous avait grandement rapprochés.

*

* *

J'ai beaucoup souffert après mon accident. J'avais le sentiment que les médecins ne me faisaient pas avancer. Je me suis donc prise en main toute seule.

J'ai d'abord essayé de rééduquer mon vagin avec une sonde, pendant quatre mois. Sur un écran d'ordinateur, une courbe devait bouger en réaction aux contractions que je tentais d'impulser. Mais rien ne bougeait. Jusqu'à ce que, en février 2004, je décide de me former à l'hypnose pendant une semaine afin d'apprendre à gérer ma douleur. Je prenais des cours pour travailler sur mon traumatisme. Je devais visualiser de façon positive l'accident. Puis imaginer qu'un cours d'eau coulait jusqu'à mon bassin. Cela a été très efficace pour mon dos. Je le ressentais dans ma façon de marcher. J'ai alors repris mon travail avec la sonde… et il y eut enfin des traces visibles de contractions musculaires sur l'écran de l'ordinateur ! Même si je ne sentais rien, c'était déjà formidable. Au fil des semaines, la courbe bougea de plus en plus, et je marchais de plus en plus aisément. J'arrivais à faire des pas un peu plus grands. J'avais appris quelques techniques que j'appliquais sur moi tous les jours.

Les kinés qui me suivaient constatèrent très vite mes progrès. L'un d'eux m'encouragea vivement à recevoir gracieusement dans son cabinet en qualité d'hypnothérapeute. J'ai ainsi accueilli des personnes qui avaient des problèmes de douleurs dorsales, un accidenté de cheval comme moi qui avait peur de remonter, mais aussi des personnes stressées pour différentes raisons. J'ai fait cela bénévolement sans rien promettre. Ainsi, j'ai continué à me former et j'ai fini par ouvrir en octobre 2005 mon premier cabinet.

Cela marcha très bien. Je travaillais sans compter mes heures. Un article dans le journal avait fait venir beaucoup de curieux et j'étais sollicitée pour des maux de toutes sortes. Le deuil d'un enfant, le manque de confiance en soi, le stress au travail, les compulsions alimentaires, le tabagisme… C'était surtout l'hypnose qui attirait les gens. Je pratiquais aussi la sophrologie et la relaxation, tout comme avant. Puis je me suis créé mes propres protocoles au fur et à mesure. J'ai poursuivi ma formation et j'ai proposé mon expertise sur la gestion de la douleur. J'écoutais beaucoup aussi, parfois cela suffisait. Il y eut des « moments miroirs », quand des personnes sont venues me consulter au sujet de leurs enfants… homosexuels.

Parallèlement, je créai une nouvelle association, « L'atelier du bien-être ». Je pratiquais des séances de groupe autour de thèmes, comme le sommeil. Mon but était d'expliquer le plus simplement possible notre nature. Je pars du principe que lorsque l'on comprend les causes d'un mal, on le gère mieux. Chaque séance se terminait par une demi-heure de relaxation guidée par ma voix. J'y retrouvai la même énergie qu'avec La main ouverte. Mes adhérents devinrent un peu une seconde famille pour moi.

Alex vint en 2009 nous prêter main forte pour la préparation d'un spectacle au profit d'enfants malades. J'avais mis au défi les adhérents présents depuis cinq ans déjà. Je voulais qu'ils montrent à leurs proches qu'ils étaient complètement capables de gérer leur stress sur scène. Personne n'y croyait au départ. Je décidai de leur écrire une piécette. Alexandre proposa spontanément de venir m'aider pour la mise en scène et la lecture des scénettes. Il avait fait deux années de théâtre, moi deux heures… J'acceptai sans hésiter. Il fut ainsi notre metteur en scène durant les deux derniers mois de répétitions.

Alexandre fit de nombreux allers et retours pour que cette œuvre soit une réussite. Nous étions tous novices en la matière. Sans lui, la vie sur scène n'aurait pas été la même. Animateur à mes côtés, il brilla par son charisme. Je doute que qui que ce soit ait soupçonné son homosexualité. Il avait fait preuve de fermeté et de gentillesse pour nous épauler.

Mélissa et Salomon s'étaient eux aussi investis dans le projet. Salomon était un petit ange qui ouvrait le spectacle. Il était le premier à entrer sur scène, il n'avait que 9 ans. Mélissa nous fit un super show délirant mis en scène et répété avec son frère Alex… Quelle fierté pour moi de vivre ce moment avec mes trois enfants réunis !

Qu'Alexandre s'implique autant marqua tous les adhérents. Je n'avais que des compliments sur son savoir-faire et son savoir-être. J'avais pourtant encore peur, de temps en temps, que quelques-uns puissent connaître la vérité sur son homosexualité. J'avais peur de réflexions mal placées qui auraient pu le blesser. C'était un petit village… Je restais sur mes gardes.

D'ailleurs, quand on me demandait s'il avait une petite amie, j'esquivais : « Il est bien secret sur sa vie sentimentale, mais j'imagine que oui. »

Au fond de moi, je me sentais l'envie de me libérer de ce poids. J'étais si fière de lui et de tout le travail qu'il avait fourni. Lorsque nous nous sommes retrouvés sur scène pour saluer le public sous un tonnerre d'applaudissements, nous avons eu de beaux regards complices. La joie partagée à ce moment balayait quelque peu les colères et souffrances du passé.

Je n'en parlais pas aussi librement qu'aujourd'hui, mais c'était en bonne voie. J'avais accepté l'idée qu'Alex était homosexuel, toutefois je n'aurais pas été capable d'en discuter avec des inconnus, ne sachant pas comment ils réagiraient. Aujourd'hui, cela est naturel pour moi, même si la personne en face en est gênée.

Un si long chemin

Je me souviens qu'après une séance dans mon cabinet à Senonches où j'avais abordé le thème de l'homosexualité, j'avais failli appeler Alex. J'avais envie de revenir sur ma réaction lors du week-end avec Vincent. Au moins lui expliquer que je commençais à me faire à cette idée petit à petit. J'avais envie qu'il le sache, mais je ne trouvais pas le courage. J'ai beaucoup hésité à décrocher le téléphone ce jour-là, par crainte que trop de reproches ne me fassent vaciller. J'étais dans une situation émotionnelle chaotique. Je n'avais plus d'équilibre dans ma vie de couple. Je me disais qu'il valait mieux attendre d'être plus forte psychologiquement. Je progressais vers l'acceptation de l'homosexualité de mon fils, je le constatais. Mais sans jamais en parler avec Alexandre. Et puis, j'avais honte. Honte de ressembler à ces personnes qui rejettent leurs enfants. Je m'en étais rendu compte lors des consultations, elles m'avaient clairement aidée à évoluer sur cette voie de l'acceptation. À la fin, à chaque fois, je leur posais cette question : « Si vous mourriez demain, pensez-vous que l'homosexualité de votre enfant serait toujours aussi importante ? Et que feriez-vous ? » C'est à moi aussi que je la posais.

*

* *

Nos retrouvailles se firent par étape. Après mon accident, Alexandre dut être opéré d'un kyste dans le bas du dos. Il subit trois interventions et des soins infirmiers quotidiens pour en venir à bout. Pendant trois ans, il saigna régulièrement et eut de grandes difficultés à s'asseoir et à bouger. En qualité de thérapeute, j'y voyais le signe physique d'une douleur psychologique. Alex somatisait sans doute à cause de toute cette souffrance non exprimée. C'est ainsi que je l'interprète aujourd'hui.

Après les opérations, je tenais absolument à être là. J'étais inquiète et ne pouvais laisser mon fils affronter seul ses problèmes de santé. Il avait été si présent pour moi. Dans ces moments-là, notre complicité renaissait tout naturellement. Je fus présente pour les trois interventions. Je pense que cela lui a été d'un grand réconfort. Même s'il avait eu quelqu'un à ses côtés, j'aurais également agi ainsi.

Son homosexualité n'existait plus dans la souffrance et la maladie. Je retrouvais mon petit, mon enfant.

En fait, j'aurais pu vivre longtemps de la sorte. En faisant semblant de ne pas voir et de ne pas savoir. Sans rien dire. C'était plutôt confortable pour moi. Mais un jour, Alex m'annonça qu'il avait décidé d'emménager en colocation…

C'était en juin 2005, il choisit de vivre en communauté dans l'optique d'un « meilleur confort financier », m'avança-t-il. Maintenant qu'il s'était fait des amis, il pouvait envisager de partager un plus grand logement. Il avait tenu trois ans dans une minuscule chambre de $12m^2$, salle d'eau comprise. Je comprenais et l'encourageai vivement. Je le sentais si enthousiaste à cette idée ! Je fus toutefois surprise quand il m'annonça qu'il allait emménager avec un copain et une copine. La présence d'une jeune fille me paraissait bien étrange. Je crus donc à un couple d'amis. Personnellement, je doutais fort qu'une colocation à trois puisse fonctionner. Ne connaissant pas du tout les personnes avec qui il désirait s'installer, je lui fis tout un tas de recommandations.

Johnny, surnommé Jo, et Tamara étaient déjà habitués à vivre en colocation. D'après Alexandre, cela se passait plutôt très bien entre eux. Et puis il en avait assez d'être seul. De plus, il partageait le même goût pour la littérature que Jo. Il ajouta que ce dernier pouvait même l'aider dans l'organisation de son travail. Jo réussissait brillamment en fac de Lettres. Tamara était une grande amie de Jo. Alex semblait absolument certain de faire le bon choix. Il était vraiment heureux d'en parler. C'était la première fois depuis le fameux week-end que je le sentais à nouveau en joie.

Le jour J, je rejoignis Alex directement à ce nouvel appartement dans le sud du Mans. C'était un immeuble de quatre étages donnant sur un petit parc arboré très agréable. En descendant de voiture, j'entendis la voix de mon fils. Alexandre était à la fenêtre. « Coucou Maman, c'est au 3e étage, à droite. » Les portes de l'escalier étaient grandes ouvertes. Je supposai que c'était pour faciliter le passage des meubles. En montant, je croisai des jeunes gens qui me saluèrent brièvement. La bonne humeur régnait entre eux. Je supposai qu'ils étaient là pour prêter main forte. Alex m'attendait sur le pas de la porte, tout content de m'accueillir : « Bienvenue chez moi, je te fais visiter le château ? » Sa joie était communicative. L'appartement était parfait : trois belles chambres avec placard, une grande et belle salle de bain, un immense salon salle à manger, un balcon donnant sur un joli parc exposé plein sud et une cuisine équipée qui donnait envie de cuisiner…

Pour épargner mon dos et mes jambes, Alex me proposa de m'asseoir et de procéder au déballage des cartons et sacs au fur et à mesure qu'ils arrivaient. Je me rendis dans la cuisine pour commencer le rangement lorsque j'aperçus un beau jeune homme déposer des sacs dans l'entrée. Il était mince, au look gothique. Il m'impressionnait avec ses piercings et son léger maquillage qui faisait ressortir le vert de ses yeux. Il vint tout de suite me saluer. « Vous êtes la maman d'Alexandre, je suppose ? Bonjour, je suis Johnny, son colocataire. » Sa façon de parler un peu maniérée ne me laissa aucun doute. Je compris tout de suite que Jo était homosexuel lui aussi. Contrairement à Alex, dont l'apparence était plutôt neutre, Jo affichait sa différence. Je le trouvais très distingué et poli. J'essayai de faire bonne impression en lui demandant s'il avait des préférences pour le rangement dans la cuisine. D'un ton très détaché, il me répondit que ça irait très bien pour commencer et que la cuisine, c'était le domaine de Tam. « Tam, c'est Tamara ? Oui, Alex m'en a un peu parlé. » Non, Alexandre ne m'en avait pas du tout parlé. J'essayais de faire celle qui était très à l'aise. Je venais de comprendre pour Jo et je voulais savoir qui était Tam parmi les jeunes gens présents. Histoire d'être fixée.

Tam était une jeune fille pleine de vie au même look gothique que Jo. Elle riait sans arrêt, elle était très sympathique. Lors d'une pause, au détour d'une conversation, je découvris qu'elle était lesbienne. Elle ne s'en cachait pas du tout. Tous les jeunes présents connaissaient l'orientation sexuelle des trois colocataires et personne n'en était gêné. J'étais encore devant le fait accompli, toutefois, il est vrai que c'était moi qui avais proposé mon aide.

J'observais avec beaucoup d'intérêt. Je regardais Tam et me demandais comment je réagirais maintenant si Mélissa m'annonçait son homosexualité. Pas bien encore une fois, mais sûrement pas aussi violemment qu'avec Alex. Plus je regardais Tam, plus je lui trouvais du caractère. Elle n'était manifestement pas du genre à se laisser faire. Elle avait une sacrée répartie, comme Jo et Alex. Au fond, ils avaient bien plus confiance en eux que moi à leur âge. Était-ce leur différence qui leur donnait plus de force ? Ils semblaient avoir appris instinctivement à se défendre.

À la fin de la journée, j'étais vraiment ravie de voir que mon fils vivrait plus confortablement, entouré de personnes chaleureuses. J'avais simplement quelques difficultés avec l'allure de Jo. Je me demandais comment Alexandre, qui était plutôt discret en général, avait pu sympathiser avec lui. En revanche, j'avais remarqué la bibliothèque bien fournie de Jo, l'attention particulière qu'il portait à ses affaires, et je sentais qu'il ne rigolait pas du tout avec les études. Il ne pouvait donc avoir qu'une bonne influence sur mon fils, me disais-je.

*

* *

Sur le chemin du retour, je repensai aux attitudes des uns et des autres. C'était pour moi une première d'être en immersion parmi d'autres personnes homosexuelles. Je constatais avec Tam qu'on ne pouvait pas toujours deviner qu'une personne était homosexuelle. Il n'y avait pas toujours des signes « extérieurs ». Peut-être fréquentais-je sans le savoir des personnes qui l'étaient ?

Comme l'oiseau tombé de son nid, je découvrais en fait que le monde homosexuel ressemblait au mien. Rien de différent dans les rapports humains. Des liens d'amitié identiques.

C'était bizarre, cette journée. Elle m'avait chamboulée. J'étais bien obligée de faire le constat qu'Alex et ses amis étaient comme tout le monde, alors que j'imaginais une communauté un peu à part. Le nombre de personnes présentes pour leur donner un coup de main témoignait d'une belle intégration.

Quelques jours après cet emménagement, j'ai éprouvé le besoin d'appeler Alex pour savoir comment la petite tribu s'était organisée.

– Tout va super bien. C'est vraiment agréable de ne plus être seul et d'avoir tout cet espace. Nous avons déjà sympathisé avec notre voisine de palier. Elle est vraiment très chouette avec nous, me dit-il.

– Je ne sais pas comment vous faites, je ne crois pas que je pourrais vivre avec d'autres personnes. Bravo, vous montrez l'exemple.

– Oh, mais tu sais maman, tu l'as compris je suppose, on ne peut que se comprendre avec Jo et Tam…

J'étais un peu gênée par sa spontanéité.

– Oui, bien sûr, j'ai deviné. J'ai d'ailleurs beaucoup apprécié Jo. Très distingué, il a un look un peu bizarre, mais je l'aime bien.

Il insista.

– Et par rapport à tout le reste, ça va ?

– Le principal, c'est que tu te sentes bien…

– Oui, je me sens en accord avec eux et ça fait du bien d'être sur la même longueur d'ondes avec les personnes qui vivent autour de moi, tu comprends ? »

Oui, je commençais à comprendre. Je réalisais petit à petit la nécessité pour lui de se libérer. Pour la première fois, nous venions de parler ensemble, même si c'était à mots couverts. J'étais plutôt contente de cette avancée. J'imaginais que cela devait lui faire du bien aussi et j'appréciais sa façon de respecter mes réticences, ou du moins mes interrogations, ma gêne parfois. J'avais encore besoin d'aller à mon rythme. Sa patience a favorisé mon acceptation. Vivre avec Jo et Tam lui permettait sans doute d'être plus en harmonie avec lui-même. Je constatais combien il osait davantage m'en parler. Je gardai pour moi certaines craintes, le qu'en dira-t-on notamment. Dans l'immeuble, on risquait de vite savoir qu'ils étaient homosexuels…

En réalité, pour la première fois, je pensais à l'homophobie. J'imaginais tout un tas de choses négatives qui pourraient lui arriver. J'ai mesuré à ce moment-là que mes pensées et mes actes passés envers mon fils étaient de l'homophobie aussi. La phobie, je connaissais bien puisque j'avais une peur panique des serpents, même en photo. Jamais je n'ai su d'où elle me venait. Je ne supportais aucune représentation de cet animal. Une forme de peur démesurée que je ne pouvais raisonner, semblable à celle que j'avais ressentie lorsqu'Alex m'avait annoncé son homosexualité. J'en avais peur sans savoir pourquoi.

Alex termina la conversation téléphonique en me disant qu'Alain et moi, ainsi que Salomon et Mélissa, nous pouvions passer quand nous le voulions, qu'il fallait juste le prévenir afin qu'il s'organise et que ce ne soit pas en période d'examens.

Il était tellement content de cette installation qu'il m'était difficile de lui dire combien j'allais avoir du mal à lui rendre visite spontanément…

*

*　　*

Peu de temps avant Noël, nous avons décidé avec Alain et les enfants de rendre visite à Alexandre. La date fut fixée et nous avions prévu de déjeuner et de rester l'après-midi ensemble. Alex ne pouvant nous offrir de quoi manger pour cinq, nous avions apporté le repas. Il était ravi de tous nous accueillir pour la première fois chez lui. Nous nous étions installés sur la grande table. Très vite, Tam entra dans le salon. Elle venait de se réveiller. Très décontractée, en pyjama, elle s'installa dans le canapé pour regarder la télévision. À moitié endormie, elle nous salua à peine. Alain et moi étions gênés, nous ne pouvions parler de choses intimes, familiales. Je ne sais pas comment Alexandre a vécu ce moment-là. Notre malaise était-il dû à l'homosexualité de Tam ou au manque d'intimité qu'engendrait sa présence ? Sans doute un peu des deux. Le fait est que nous avons écourté notre visite. J'avais trouvé le comportement de Tam grossier. Nous n'étions pas faciles avec nos vieux principes ! D'un commun accord avec Alain, nous avons décidé de ne plus manger chez Alex, mais de l'emmener au restaurant pour ne pas avoir à supporter la présence des autres. Nous voulions profiter de notre fils en toute liberté. Cette colocation nous en empêchait. Avec le recul aujourd'hui, je dirais que nous n'avions pas vraiment encore intégré « l'idée de l'homosexualité » de notre fils. Nous interprétions le comportement de cette jeune fille comme un affront, et la catégorisions : puisqu'elle est lesbienne, elle ne sait pas se tenir ni avoir de respect pour nous, hétéros.

Quand j'y pense, je n'en suis pas très fière. Tam était comme ça avec tout le monde, un point c'est tout. Elle n'avait pas songé à mal en agissant ainsi. Nous étions vite déstabilisés et nous emparions de tout élément dérangeant pour pointer du doigt cette différence.

Quelques semaines plus tard, je proposai à Alex de lui apporter des meubles dont mon ami et voisin Marc voulait se débarrasser. Un canapé duo et quelques poufs en velours allaient permettre à Alex et ses amis de recevoir plus aisément. Nous étions arrivés vers midi pour éviter de déranger les jeunes dans leur grasse matinée. Je constatai qu'Alex était radieux et portait le chapeau de façon très élégante. J'étais très agréablement surprise de cette transformation. Johnny fit tout de suite son apparition dans le salon. Lui aussi avait changé de look, plus sage et passe-partout. Ses traits en étaient adoucis. Tout le monde était content d'avoir du mobilier supplémentaire. Alex nous proposa un rafraîchissement. Il avait raison, cette colocation lui réussissait vraiment bien.

Marc et moi étions assis dans le salon, attendant qu'Alex nous serve. De là où j'étais, je pouvais voir les regards échangés entre lui et Jo. Leurs sourires complices me firent comprendre instantanément la nature de leur relation. Mon fils était amoureux ! C'était ça qui le rendait radieux. Curieusement, j'étais soulagée et ravie qu'Alexandre fréquente Jo. Je ne le voyais que pour la troisième fois, mais il me faisait une bonne impression. J'étais aussi délivrée du poids de la culpabilité. Alex avait oublié Vincent, ou du moins était passé à autre chose. J'avais du mal à imaginer leur vie de couple, mais je réalisai combien j'avais avancé depuis le *coming out*. Sans le savoir, Jo m'aidait à accepter encore un peu plus l'homosexualité de mon fils. Je les observais tous les deux et ne ressentais pas de sentiments négatifs. Un peu comme si les choses commençaient à rentrer dans l'ordre. J'étais même presque fière d'être aussi sereine. Si l'on m'avait dit ça quatre ans plus tôt !

*

* *

La distance me fit digérer les choses à mon rythme. J'étais très occupée et ne sus rien de la relation entre Alex et Jo. J'étais installée depuis octobre en profession libérale, j'avais beaucoup de rendez-vous et continuais à suivre des cours, une formation en hypnose et en PNL. J'appréhendais de moins en moins de découvrir d'autres aspects de l'homosexualité. Tout ce qui aurait pu me déranger autrefois ne me posait plus de problème avec le temps.

C'est Mélissa qui m'apprit bien plus tard que la relation entre Alex et Jo durait depuis bien longtemps. En 2004-2005, huit mois avant l'emménagement en colocation, elle était allée retrouver son frère au Mans pour fêter le jour de l'an. Elle avait 13 ans. Depuis qu'Alex était parti de la maison, il lui manquait beaucoup. Ils ne se téléphonaient pas, ne se voyaient que très peu. C'est Alex qui lui avait suggéré l'idée de venir passer un week-end avec lui à l'occasion du réveillon de fin d'année.

Quand Mélissa se présenta chez son frère qui se trouvait encore dans sa chambre d'étudiant, il la prévint qu'ils allaient rejoindre son petit ami Jo qui, lui, vivait déjà en colocation avec Tam. Puis il lui demanda d'emblée si elle se doutait qu'il était homosexuel et si cela la dérangeait que son propre frère le soit. Pour elle, ce mot n'avait pas vraiment de sens. Elle ne l'avait jamais entendu et n'en connaissait pas la signification. Elle me confia simplement plus tard que cela lui fit un peu bizarre au début de voir son frère embrasser un autre garçon et puis qu'elle avait été amusée de voir Alex et son ami faire de la provocation dans un grand magasin en s'embrassant ostensiblement… Mais, ajouta-t-elle, elle ne ressentit aucune gêne ni dégoût !

Ainsi, elle savait bien avant moi. Elle avait gardé cela pour elle, pensant que son père et moi étions au courant, et n'avait éprouvé le besoin d'en parler qu'avec sa meilleure amie.

Ce n'est qu'en 2008 que j'ai eu le courage d'aborder le sujet avec elle. Mélissa est une jeune fille très sérieuse avec beaucoup d'humour. Elle est très fidèle en amitié et s'est entourée de jeunes gens qu'elle côtoie depuis le lycée. Elle est très indépendante et possède un sacré caractère. Je dois dire que sa façon d'accepter l'homosexualité de son frère m'a soulagée et même aidée dans ma progression. Il y a peu de temps, elle m'a dit quelque chose de très fort que je partage totalement aujourd'hui : « Tu sais, maman, l'homosexualité, je ne savais même pas que ça existait. Quand Alex m'a demandé si cela me gênait, j'étais incapable de répondre parce que je n'avais aucun jugement là-dessus. Tu ne nous as jamais appris que l'homosexualité c'était mal. Je n'avais aucune référence. Je l'ai accepté tel quel sans a priori. En plus, il m'était impossible de juger négativement mon frère. »

Ma fille m'a poussée à la réflexion par ces mots si simples et chargés de bon sens. Il faut laisser l'autre libre de se forger sa propre opinion, les vraies valeurs ne requièrent pas l'adhésion du plus grand nombre. Il faut savoir se battre pour elles, quitte à se distinguer de la masse.

Briser le tabou

Le cheminement vers l'acceptation de l'homosexualité d'Alexandre a peu à peu disparu du champ de mes priorités. Mon couple allait toujours aussi mal et, toujours en rééducation deux fois par semaine chez le kiné, j'étais accaparée par mes problèmes de santé. Je consacrais aussi de nombreuses heures aux cours d'hypnose, aux consultations au cabinet (je travaillais même le samedi) et à l'association L'atelier du bien-être. Et puis je réservais le temps qui me restait à Mélissa et Salomon qui me réclamaient.

Cependant, j'étais bien obligée de penser à mon fils dès que l'on me demandait de ses nouvelles ou quand je l'avais au téléphone. Et je sentais toujours en moi un blocage. J'aurais tellement aimé pouvoir dire : « Ah oui ! Alexandre va bien, il vit en colocation avec son ami Jo. » J'avais fait des efforts de compréhension, c'est certain, mais pour l'accepter totalement, il fallait que j'ouvre les yeux sur le mal-être et la détresse de mon fils. Cette souffrance cachée en lui et dont je n'avais pas mesuré la gravité.

Comme la suite logique de mon cheminement, cela est arrivé par étapes. Tout a commencé avec un événement a priori anodin : le départ de Tam de la colocation. Alexandre et Jo ne pouvant pas assumer financièrement le loyer à eux seuls, ils envisagèrent de se trouver un appartement plus petit et situé à proximité du quartier universitaire. Les longs trajets en bus leur étaient pénibles et fatigants.

Jo et Alex n'étaient plus « ensemble ». J'ai un vague souvenir de cette annonce. Il semble que je l'aie enfoui quelque part dans mon inconscient. Je me revois vaguement en discuter avec Alex dans sa chambre. Il me disait que c'était mieux ainsi parce qu'il aurait aimé « s'engager », comme un vrai couple, alors que ce n'était pas le cas de Jo.

Depuis quelque temps, je ne voyais pas Alex souvent, mais j'étais convaincue qu'il n'était pas au mieux. Lors d'une conversation téléphonique avec lui, je ressentis que quelque chose clochait. Il m'affirma que tout allait bien, mais le ton de sa voix m'indiquait le contraire. Il semblait triste et apathique. Je me demandais bien pourquoi il insistait pour reprendre un appartement avec Jo alors qu'il n'y avait plus rien entre eux. Je voulais une réponse franche. Il esquiva d'abord. Jo et lui se connaissaient bien, me dit mon fils, et il ne se voyait pas prendre un autre appartement avec un inconnu. Je lui suggérai des amis avec qui je pensais que cela serait possible. Jusqu'au moment où, fatigué de me cacher la vérité, il craqua. Je ne l'entendais plus au téléphone, je devinai qu'il pleurait. Je ne savais plus quoi lui dire. C'était la première fois depuis bien longtemps qu'il se laissait aller à exprimer ses émotions avec moi. Je ne m'attendais pas à cela. « Je suis désolée, Alex, j'ai peut-être trop insisté. Si tu veux me parler, tu sais que je suis là. » Il ne cessait de pleurer. J'étais désarmée, son silence ne me rassurait pas du tout. J'étais loin et me sentais impuissante. Je ne savais pas ce qui le rendait si malheureux. Il s'abandonna complètement. « J'ai une vie de merde. J'en ai marre de tout. C'est fini entre Jo et moi. Ça fait un moment déjà et ça continue de me faire souffrir. Tu ne peux pas comprendre que je m'accroche ? Je ne peux pas envisager la vie sans lui pour l'instant. Je suis prêt à tout pour le garder. Je n'ai que lui. » Il laissa passer un silence, puis : « Tu ne peux rien faire, maman, surtout pas toi. »

L'entendre me dire « surtout pas toi » me fit l'effet d'une gifle. J'accusai le coup et mis mon ego de côté. Je tentai de lui faire entendre raison. Je pensais que le mieux pour lui était de mettre un terme définitif à cette relation, en se séparant physiquement aussi.

Je savais combien une séparation était une phase douloureuse.

Je ne voulais pas raccrocher. J'attendis qu'il se calme un peu. Pleurer lui fit du bien. Je le savais. Il ne se l'autorisait jamais. Puis il parvint à se reprendre : « Depuis Vincent, Jo est le seul qui a su me comprendre. Il est le seul qui a pu me réparer un peu. Je n'ai jamais oublié Vincent et ne le pourrai jamais. Il y a eu tant de souffrance autour de cet amour. C'est comme si ce jour-là on m'avait offert un magnifique instrument de musique sans jamais m'avoir autorisé à en jouer. Je resterai toujours sur cette impression. Je n'ai pas le droit au bonheur. Mon désespoir et ma douleur m'envahissent trop souvent. Vincent est mon premier et unique amour. Tout a été compliqué pour moi après. Avec Jo, j'ai trouvé un peu de paix. Mais cela n'a pas duré. Il ne peut pas s'engager. Il ne le veut pas. Il a sûrement des blessures lui aussi. Si je le quitte, j'ai peur du vide qu'il restera. Je ne peux pas l'accepter, j'ai trop mal, maman. Je ne sais pas si tu comprends. De toute façon, cela ne changera rien à ma vie que quelqu'un comprenne. C'est déjà tellement douloureux de vivre l'homosexualité dans cette ville et sur cette terre. Je croyais que cela serait mieux qu'à la campagne. Mais je me suis trompé. Paris est peut-être la solution, mais je devrai encore être seul et tout recommencer à zéro. Faudra-t-il que je me cache toute ma vie ? Parfois, j'en ai marre. Personne ne sait ce que j'endure tous les jours. Est-ce que tu sais, toi, par où je suis passé ? Non, et il vaut mieux. »

J'étais sonnée. J'essayais de trouver les mots justes, ou disons les moins maladroits – j'ai déjà commis tellement d'erreurs. « C'est vrai, tu as raison. Je ne sais pas et ne saurai jamais. Je ne fais que l'entrevoir depuis quelque temps. » Il continua à débiter un flot de paroles comme pour se soulager. Je sentais de la colère parfois dans ses mots. Le timbre de sa voix se faisait plus grave. Il déversa les reproches qu'il gardait en lui.

Alex avait raison. J'étais coupable d'avoir brisé son premier amour. Cette culpabilité ne m'a jamais quittée. Arriverai-je un jour à m'en débarrasser ?

Il poursuivit : « Avec Jo, je croyais que la blessure allait peut-être guérir. C'est pire aujourd'hui. Elle est ouverte à nouveau. Alors si j'ai le choix entre un soulagement, même illusoire et éphémère, ou une plaie béante, je préfère la première solution. Parce que j'en ai marre de souffrir, maman. Je me demande pourquoi je suis venu au monde. »

J'étais meurtrie par ces paroles. Je sentais mon fils à bout de force. Il avait trop encaissé sans rien dire. J'ignorais ce qu'il avait enduré. En tout cas, je ne mesurais absolument pas le poids de ses souffrances. Tout était en train de remonter à la surface. Comme je m'en voulais d'avoir participé à sa peine. Je ne voulais pas lui dire. Cela ne l'allégerait en rien en cet instant. Derrière cette colère se cachaient des années de souffrance, un enfant qui n'avait pas pu être simplement lui-même, les agressions physiques et verbales quotidiennes, la peur qui était aux commandes de sa vie. Un poison déversé à petites doses. Il avait toujours tout assumé seul. Je voudrais tant réparer et effacer. Même encore aujourd'hui je voudrais lui faire ce cadeau si j'en avais les moyens. Je trouve cela tellement injuste maintenant.

D'une voix la plus douce possible, je laissai parler mon instinct de mère : « Il faut que tu fasses ce que te dicte ton cœur. Personne ne te jugera dans la famille maintenant, tu le sais. Si tu crois que c'est mieux pour toi dans un premier temps, alors fais-le. » Il se tut, hésita, puis dit : « Merci, maman… Excuse-moi de t'avoir ennuyé avec tout ça… » Il se refermait à nouveau comme une huître. Il l'avait toujours fait. J'en pris conscience à cet instant. Alors je voulus l'encourager encore : « Non, au contraire, c'est bien. Je suis heureuse que tu te livres. » Mais il conclut : « Ça m'a fait du bien de parler de tout ça, même si cela ne résout rien. Ça soulage. Je t'appellerai. Promis. »

Le jour du déménagement d'Alex et Jo dans leur nouvel appartement, Alain et moi étions accompagnés de Salomon, âgé de presque 6 ans.

Il était si heureux d'aller voir son grand frère. Pour lui, c'était un peu une fête de se rendre au Mans. Salomon connaissait Jo comme un copain d'Alex et ne se posait pas encore de questions.

Les parents de Jo étaient là aussi. Ils avaient prévu une petite camionnette. C'était l'occasion pour nous de faire leur connaissance. Il y avait également une amie d'Alex, la sœur et le beau-frère de Jo. Le nouvel appartement était beaucoup moins bien agencé et plus petit que celui que les garçons partageaient avec Tamara, je ne sentais pas Alexandre aussi enthousiaste que la fois précédente, mais, encore une fois, il fit face et cacha son mal-être. Je le surpris à vouloir être très attentionné envers Jo. J'avais peur qu'il en fasse trop en s'oubliant totalement pour le reconquérir.

Au fil des heures, le dialogue s'installa entre nous tous. Si bien qu'au moment de la pause déjeuner, une véritable convivialité était née. J'avais le sentiment qu'Alain et moi faisions la connaissance des beaux-parents d'Alex. Drôle d'impression… Il y avait un bel esprit de famille, si je puis dire ! Je vivais l'installation de mon fils et de Jo comme celle d'un couple « normal ». Je savais bien que leur relation était terminée, mais leur complicité était toujours présente. J'y ai vu de l'espoir pour mon fils. Même Alain était complètement décontracté. Nous plaisantions tous ensemble. L'attitude bienveillante des parents et proches de Jo montrait que son homosexualité avait probablement été bien vécue de leur côté. Toute sa famille affichait beaucoup d'amour et de fierté. C'était rassurant et apaisant pour moi. Cela me faisait du bien de partager ce moment avec eux le plus simplement du monde. Je n'ai plus jamais regardé Jo de la même façon. Ce fut un autre déclic pour moi. Encore un tabou brisé.

*

* *

J'ai réagi de différentes façons face à l'homosexualité de personnes qui m'ont entourée. J'ai été capable de rejet à 20 ans lorsqu'une copine de collège m'a fait part de ses sentiments. J'ai même ressenti de la répulsion à son encontre, car je ne m'étais douté de rien : elle avait bien caché son attirance pour moi et sa déclaration d'amour soudaine m'avait paru être une trahison à notre amitié.

Aussi, j'ai découvert qu'un de mes amis, Pascal – que je connaissais depuis l'école primaire et que j'avais retrouvé bien des années plus tard lorsqu'il est venu s'installer dans l'Orne – cachait son homosexualité à sa famille, surtout à sa mère. Je trouvais qu'il passait à côté de sa véritable vie. Cela me désolait de constater qu'il ne serait sans doute jamais heureux tant qu'il n'aurait pas fait son *coming out*.

Avec le recul, je suis obligée de reconnaître que j'ai souvent été désorientée face à l'homosexualité. Comme beaucoup de gens, je crois, je n'y voyais a priori aucun problème. Tant que cela ne me concernait pas directement. La façon dont j'ai abordé l'homosexualité d'Alex avec mes autres enfants est assez symptomatique de mon incapacité à gérer ce genre de situations.

Je ne pensais pas un seul instant devoir parler à Mélissa de l'homosexualité de son frère. Je ne voulais pas le faire, espérant qu'Alex s'en chargerait. J'étais trop gênée. Mélissa aimait tellement son frère que j'avais peur qu'elle soit déçue...

Quand nous avons pu en parler, bien des années plus tard, elle m'a dit : « Je suis contente qu'il soit homosexuel, cela a fait de moi une personne plus tolérante. Sa différence m'a enrichie humainement. Au lycée, je n'arrivais pas à en parler. Je n'aurais pas supporté qu'on rejette mon frère. » Elle a pu toutefois se confier à l'un de ses amis, qui à son tour lui a révélé son homosexualité. Il était certain d'être compris par Mélissa. Cela lui a donné de la force pour l'évoquer plus librement avec les autres. Mélissa l'a soutenu comme elle aurait aimé que l'on soutienne son frère.

Lorsque je lui appris que j'avais très mal réagi vis-à-vis d'Alex, elle fut surprise. Elle pensait que nous avions toujours su et accepté. « On ne tombe pas amoureux du sexe, mais de la personne. » me dit-elle.

Je n'ai pas réussi non plus à en parler avec Salomon. C'est Mélissa qui s'en est chargée. Pourtant, j'avais eu l'occasion de le faire. Un jour, il regardait un film dans lequel deux jeunes hommes se faisaient casser la figure par d'autres parce qu'ils s'étaient embrassés. Salomon était révolté, il criait à l'injustice. J'étais rassurée par sa réaction, mais je n'ai pas eu le courage de lui parler de son frère. Je me suis dit, encore une fois, que c'était à Alex de le faire.

Salomon a été confronté à la bêtise des gens. Au collège, il a déjà essuyé des remarques blessantes sur son frère. Et il s'est trouvé tiraillé entre sa volonté de le défendre et la peur d'être exclu par ses camarades. Il fut également inquiet lorsqu'une chaîne de télévision voulut diffuser un reportage sur moi et Alex à une heure de grande écoute – l'idée était de raconter notre cheminement depuis le *coming out*. Il ne voulait pas que trop de gens « sachent » autour de lui. Je lui conseillai alors d'en parler avec son frère, de lui expliquer qu'il était mal à l'aise vis-à-vis de ses copains. Mais Salomon n'osait pas, craignant le rejet de son grand frère. J'ai alors cherché les mots pour le rassurer : « Moi, en tant que maman, je ne peux pas rester sans rien faire. Je dois le défendre et montrer l'exemple en parlant maintenant. Mais toi, tu as le droit de ne pas prendre position. » Salomon fait son chemin, lui aussi, vers l'acceptation…

*

* *

Après le déménagement d'Alex et Jo, beaucoup de choses changèrent. J'oserais presque dire : « Tout a changé. » Alex et moi nous sommes rapprochés. Je l'appelai plus souvent sans avoir peur de le déranger. Un jour, je lui offris un chaton de 2 mois. Je savais qu'il en rêvait depuis longtemps. Même si au départ Jo n'était pas très enthousiaste à l'idée d'avoir un chat à la maison, il succomba en voyant « Médée » – Alex l'avait baptisé ainsi. Tant et si bien qu'ensemble ils adoptèrent un autre chat à la SPA…

Ainsi, plus les mois passaient, plus je trouvais que mon fils et Jo formaient un joli couple. Pourtant, mon fils sombrait dans une forme de dépression. Alexandre ne remontait pas la pente, c'était de pire en pire. Il lui arrivait parfois de m'appeler à une heure tardive alors qu'il s'était isolé dans sa chambre pour échapper à l'amer constat que son amour lui échappait. Il me parlait à voix basse pendant longtemps. J'essayais de le réconforter, mais cela me devenait de plus en plus difficile de trouver des aspects positifs à cette situation. J'entendais les mots d'un être qui souffrait de ne pas être aimé en retour.

Il était entré dans une très grande détresse sentimentale, jusqu'à perdre totalement confiance en lui et en sa raison de vivre. J'ai eu peur souvent, très souvent, qu'il ne pense à commettre l'irréparable.

Est-ce nos discussions ou sa volonté de vaincre qui l'ont fait tenir ? Je ne sais pas où il a trouvé cette force. Jusqu'au jour où enfin il reconnut qu'il n'en pouvait plus et qu'il devait partir. Je n'osai pas crier victoire, mais je savais que cela ne pouvait être que salutaire. Ne plus voir Jo était le seul moyen pour lui de se reconstruire et d'envisager à nouveau l'avenir.

Alex mit quelques mois à acter cette décision. J'ai même cru un moment qu'il avait abandonné ce projet. Pendant presque six mois, il trouva toutes les excuses possibles pour ne pas sauter le pas. Il repoussait l'échéance parce qu'il savait qu'il aurait du mal à rencontrer quelqu'un d'autre dans cette ville. Alors il continuait de somatiser : les crises d'asthme succédaient aux crises d'angoisse à l'idée de quitter ce qu'il connaissait.

Mon seul « réconfort », si je puis dire, était que je me sentais utile pour la première fois depuis longtemps. Mon fils trouvait auprès de moi réconfort et sécurité. Cette mère qui l'avait rejeté n'existait plus. Petit à petit, Alex reprit confiance en voyant que je ne jugeais plus sa vie, que je sois en accord ou non avec lui. Je ne sais pas s'il m'avait pardonnée, mais je pense qu'il avait conscience du chemin que j'avais parcouru.

Enfin, je retrouvais et assumais mon rôle de mère, de parent. Que sa peine eut été causée par une jeune fille ou un garçon, cela ne faisait plus aucune différence. Seule la détresse de mon fils existait. Là, j'ai su que j'avais définitivement accepté Alexandre tel qu'il était. Je ne voyais plus rien d'étrange ou d'anormal. Je réagissais avec lui comme je l'aurais fait avec sa sœur ou son frère.

Un jour, il m'appela pour me dire, content et soulagé, qu'il avait enfin trouvé un studio libre. Il venait de le visiter et s'était engagé à le louer. « Ça y est, maman, c'est fait ! Je pars et je laisse l'appart à Jo. » À son ton, je le sentais déjà sur la voie de la reconstruction. Je lui proposai encore une fois mon aide pour son déménagement et nous avons ri de notre expertise dans ce domaine.

Johnny, à mon grand étonnement, était toujours aussi gentil et charmant. Il laissa à Alex les chatons afin de ne pas les séparer. Je lui en fus très reconnaissante. Cela ne pouvait qu'aider Alex à se sentir moins seul.

Un jour, Alex me raconta comment lui et Jo s'étaient à nouveau rapprochés. Un peu comme Alain et moi, ils avaient laissé naître un amour moins destructeur. Ils s'épaulent l'un l'autre encore aujourd'hui. Je suis ravie que ce lien soit maintenu entre eux. J'ai une telle confiance et sympathie pour Jo que je l'ai même choisi, il n'y a pas longtemps, pour donner des cours de soutien en français à Salomon.

Du refus à la colère en passant par le déni… Doucement, j'ai accepté, grâce à une aide thérapeutique et avec le temps. Je peux dire aujourd'hui qu'adopter totalement le monde de l'autre m'a demandé beaucoup d'efforts. L'amour que je porte à mon fils a sans doute favorisé cette adaptation, mais cela n'était pas suffisant pour l'accepter tel qu'il est. Alexandre m'a démontré par sa bienveillance et son respect durant toutes ces années que l'on peut accueillir, admettre l'autre même s'il pense, mange, aime, parle, agit, vit différemment.

Mon fils, mon amour

Aujourd'hui, j'ai compris beaucoup de choses. Alexandre m'a donné une leçon de tolérance et plus encore, une leçon de vie. Aujourd'hui, je sais que celui qui a le plus épaulé l'autre, c'est bien lui.

Tout aurait pu rentrer dans l'ordre après nos « retrouvailles » avec Alex, mais je me suis perdue. Encore une fois pourrais-je dire... Notre divorce avec Alain a été prononcé en avril 2010 après notre séparation définitive en octobre 2008. Nous sommes cependant restés proches. Pour moi, il fait partie de ma famille et je crois que cela est réciproque.

Après avoir connu tant de souffrances, physiques et morales, j'espérais qu'aimer à nouveau me redonnerait goût à la vie. Je sais qu'Alex s'est fait beaucoup de soucis pour moi, je me suis appuyée sur lui quand je perdais pied. Au moment où je croyais avoir touché le fond, il était encore là, à mes côtés. Je ne lui ai pas rendu la vie légère.

Mars 2010. Je retrouve grâce aux réseaux sociaux un ancien amour que je n'avais pas vu depuis trente ans. Gilbert était séparé, il vivait seul et n'avait jamais eu d'enfant. Nous étions très amoureux, adolescents, mais il ne s'était jamais rien passé entre nous. Nous avons échangé par écrit, puis par téléphone, et nous nous sommes donc revus en cette fin avril 2010 à l'anniversaire de sa sœur. C'était comme si nous ne nous étions jamais quittés. Quel cadeau ce fut pour moi ! Gilbert a su comprendre et accepter les souffrances de mon corps. Je peux dire qu'il m'a réparée, en quelque sorte, et a effacé mon lourd passé.

Nous avons décidé très vite de vivre ensemble. Lui travaillait à Saint-Tropez et moi dans mon cabinet de thérapeute, installé en Basse-Normandie dans un nouveau pôle santé depuis un an. Nous avons décidé de louer une maison en Ardèche, assez proche de Lyon, car un confrère m'offrait la possibilité de recevoir les vendredis et samedis, tous les quinze jours, en plein centre de Lyon.

Une nouvelle vie commençait pour Salomon et moi. Mélissa faisait sa rentrée à la fac de Caen. Alexandre, dans son petit studio au Mans, était heureux. Je me rappelle qu'il était soulagé de ne plus me savoir seule. J'ai mis beaucoup d'espoir dans cette relation, mais Gilbert, lui, n'a pas pu ou n'a pas su en faire de même. Nous avions pris la maison pour l'assumer à deux.

Nous avions même annoncé notre mariage, certains de la solidité de notre union. Au bout du compte, je me suis retrouvée seule à tout prendre en charge autant financièrement que physiquement. Gilbert était conducteur de travaux à Saint-Tropez et devait être quasiment tout le temps sur place. Il ne semblait pas se presser de trouver un autre travail proche de notre maison en Ardèche et tardait à prévenir ses patrons de son départ. Il venait quand il le pouvait, mais il pouvait peu – il n'osait pas demander. Nous dialoguions sur le net et nous téléphonions, mais notre relation ne menait à rien. Moi, j'étais débordée au point que j'ai dû arrêter les consultations à Lyon un soir où le train avait eu une heure de retard pour cause de neige. Il s'en était fallu de peu pour que le train soit annulé. Salomon attendait dehors tout seul devant l'école ce soir-là. Nous ne connaissions personne. La maison était à six kilomètres de l'établissement scolaire. Lorsque je suis arrivée, il faisait presque nuit et très froid. Je m'en suis terriblement voulu. Dès le lendemain, je cherchai un autre endroit plus près de la maison pour professer et rompis mon engagement sur Lyon. Je n'ai jamais trouvé. Et rapidement, je me suis retrouvée sans revenus ni indemnités, simplement avec une petite réserve d'argent pour payer mes charges professionnelles qui fondait comme neige au soleil. Gilbert, lui, ne s'investissait pas comme un futur mari à mes côtés. C'était un parfait beau-père pour

Salomon qui l'adorait, mais il ne réalisait pas du tout la situation dans laquelle je me trouvais. Et j'ai vite compris qu'il ne faisait aucune recherche ni aucune démarche pour se rapprocher de moi. Je ne lui en ai jamais voulu, il était si gentil… Simplement, il n'était pas prêt à s'investir dans une vie de couple, pas encore tout du moins. Il n'arrivait pas à digérer son divorce, même s'il était séparé depuis vingt ans. Je souffrais de toutes ses hésitations, lui se sentait honteux de ne pouvoir honorer ses promesses.

C'est à cette époque qu'Alexandre insista pour que je vienne m'installer au Mans. Il me conseillait comme un protecteur. Il n'avait pas mâché ses mots d'ailleurs. Un jour, il me dit : « Maman, il y en a marre que tu te fasses avoir par des gens qui te font des promesses qu'ils ne tiennent jamais. Ce n'est pas la première fois que tu te retrouves dans une situation difficile parce que tu fais trop confiance. Toi, tu tiens ton engagement à chaque fois, mais pas les autres. Arrête un peu d'être trop gentille ! Il faut toujours que tu pares aux manquements des autres ! Et je ne parle pas que de Gilbert… Au boulot aussi, on a profité de ta gentillesse. Dans ta vie de femme, tu es passée à côté de ce que tu voulais faire. Et tes amies qui ne viennent vers toi que pour te demander de les aider ! Mais toi, quand tu as besoin d'elles, il n'y a plus personne ! C'est dans tous les domaines que tu te fais avoir. Maintenant, tu es seule ici. Que crois-tu que nous pensons à des kilomètres de toi ? On se fait énormément de souci. Je ne comprends pas que tu aies tout lâché pour arriver dans un trou pareil… »

C'était le monde à l'envers ! Mon fils me faisait la morale. Je savais bien qu'il avait raison. J'acquiesçais. Je ne savais plus ce que je devais faire. J'aimais cette région et espérais que Gilbert aurait un déclic, qu'il s'engagerait enfin et me rejoindrait, mais en vain. En mars 2011, je le mis donc face à ses responsabilités et lui posai un ultimatum. Gilbert m'avoua qu'il ne s'était jamais senti à la hauteur avec moi. Je l'impressionnais trop, disait-il. Ses sentiments étaient forts, mais il était mal à l'aise devant mon assurance et ma capacité à gérer ma vie seule. De mon côté, je reconnaissais que je ne lui avais peut-être pas fait assez de place. Il avait vécu si longtemps en célibataire. Avec mon caractère entier, il me fallait un homme de poigne avec du répondant. Ce qu'il n'était pas. Je compris aisément ses paroles. Il promit de me prouver plus tard que je ne m'étais pas trompée sur lui. Mais je n'avais plus le temps d'attendre. Il ne pouvait pas assurer financièrement son engagement vis-à-vis du bail de la maison ni m'aider, à son grand regret.

Un jour, je partis avec Salomon sans savoir où aller. La peur au ventre. Pour la première fois de ma vie, j'allais me retrouver sans toit pour nous protéger et sans revenus. Je me sentis totalement abandonnée et perdue. Et j'ai fait n'importe quoi, pourrait-on dire. Au point de me retrouver quasiment à la rue.

J'ai logé une semaine chez un inconnu rencontré sur le net, un passionné d'astrologie, qui vivait seul. Ses intentions étaient louables, mais je partis précipitamment un matin, réalisant que mon attitude était inconsciente. Heureusement, Salomon était en vacances avec Alain à ce moment-là. Je me retrouvai donc seule dans ma voiture avec ma chienne et les affaires de mon fils. J'étais désemparée.

*

*   *

Je suis à la rue. Alain en est le premier informé. Je lui demande de réclamer la garde de Salomon, pour sa sécurité. Il refuse. Il a eu raison. J'appelle au secours mon ami de longue date, Philippe, que j'ai connu lors d'une formation d'hypnose en 2004. Nous sommes devenus des confidents l'un pour l'autre. Nous avons une relation de grande confiance. Il demeure à proximité, dans les Charentes. Il m'héberge durant quelques jours.

C'est à ce moment-là qu'Alex et Mélissa sont à leur tour informés de ma situation. Ils sont catastrophés. Mais Alex réagit instantanément. Il contacte les services sociaux et réussit à me convaincre de m'installer au

Mans. Il me disait qu'il serait là pour m'éviter d'être seule. Il tentait de me montrer tous les avantages de la ville pour retrouver un travail. Je l'écoutais, mais n'avais plus la moindre conviction ni l'espoir de m'en sortir.

Je crois que si Alex n'avait pas été là, j'aurais baissé les bras. Je n'en pouvais plus de lutter. Je voulais me reposer, souffler. Mais Alexandre me connaissait suffisamment pour savoir que j'avais beaucoup de ressources. Après avoir passé trois jours dans mon ex-maison (Alain me l'avait prêtée, il n'y allait que le week-end), j'étais particulièrement vulnérable. Alexandre, qui m'appelait pratiquement tous les jours, insista pour que je vienne chez lui dans son petit studio le temps de trouver un logement et un travail. Il connaissait beaucoup de monde. Tout pouvait se créer ici, me disait-il. Il en avait l'air si sûr ! Je ne croyais plus en rien, mais pour Salomon il fallait que j'avance courageusement. Alex serait mon guide, car je ne savais plus quelle route prendre.

Nous voilà arrivés dans le petit studio d'Alex. Un grand lit, un canapé non convertible, deux chats, ma grande chienne, Alex, Salomon et moi… Tout ce petit monde dans une seule pièce. Depuis mai 2011, Alex avait trouvé un travail d'assistant technique en qualité de téléopérateur. Ses horaires étaient en pointillés. Il pouvait commencer très tôt ou finir très tard dans la même semaine. Il avait besoin de repos. Ce rythme était fatigant et ce travail stressant. Malgré cela, il décida de dormir sur le canapé pour nous laisser son lit. Les deux minettes étaient affolées et très perturbées par la présence de mon imposante chienne. Salomon tournait en rond dans ce petit espace. Il avait grandi à la campagne. Moi je ne savais pas par quel bout prendre les choses. Toutes mes démarches auprès des services sociaux ne donnaient rien. Je n'habitais pas Le Mans, je ne faisais pas partie du public prioritaire. Sans revenus, pas de logement. Sans logement, pas de travail. Je voyais Alex ronger son frein et cette situation s'enliser. Mais il ne me faisait aucun reproche. Parallèlement, il cherchait lui aussi un logement afin de bénéficier d'une pièce supplémentaire. Il s'occupait de lui et de nous en même temps. Je me rendis vite compte que cela faisait beaucoup pour lui. Il voulait nous sauver, à son détriment.

Loin de moi, très loin, toutes mes questions sur son homosexualité. Je n'y pensais plus du tout. Je l'avais totalement intégrée et acceptée. Je ressentais ce lien très fort entre nous dans ce contexte dramatique. Il me démontrait encore une fois sa capacité à aimer en faisant abstraction de ses propres besoins. Après tout ce que je lui avais fait endurer, il était plus qu'à la hauteur.

Un dimanche après-midi, Alex dut recevoir une visite pour le studio. Il avait déjà annoncé son départ au propriétaire afin de s'obliger à trouver autre chose. Il disait qu'à son âge, il avait envie d'un peu plus de confort. Ce studio ne lui convenait plus. Comment allait-il mettre en valeur un studio avec autant de monde dedans ? Nos valises étaient posées par terre et nos sacs ici et là…

Alors je lui mentis. J'inventai une histoire. Je lui dis que nous étions attendus chez ma belle-sœur avec Salomon. Je voulais le soulager, nous l'empêchions de vivre sa vie. Il avait besoin de souffler. Installé dans la voiture, Salomon me demanda : « On va où, maman ? » Je voulais être forte. Je lui cachai mon chagrin. D'un air enjoué, je dis : « Mais où tu veux, mon fils ! Regarde ! Le monde est à nous. Nous sommes partout chez nous ! » Il rigola : « Mais oui ! Tu as raison ! Direction le Sud alors ! Ce qui est bien quand on est SDF, c'est que personne ne nous attend. Comme ça, on n'est jamais en retard… »

Je m'en voulais de faire vivre tout cela à mes fils. Salomon ne comprenait pas pourquoi nous étions partis de chez son frère. Je lui expliquai que nous étions trop à l'étroit, qu'Alexandre avait besoin d'avoir son intimité, mais je savais aussi que je devais vite trouver une solution. Nous avons passé à nouveau une semaine chez Alain. Nous faisions des allers et retours presque tous les jours pour visiter des logements. Et Alex, toujours présent pour nous, nous accompagnait à chaque fois ! Il eut même l'idée d'inscrire Salomon au collège où il avait travaillé durant trois ans, juste à côté de son domicile, et se dit prêt à prendre à sa charge son petit frère en attendant que je me pose. Il m'aida également à rédiger un cv pour que je puisse postuler en qualité de téléopératrice dans l'entreprise où il travaillait. Il parla de moi à son superviseur qui m'encouragea à envoyer une candidature spontanée. Des recrutements étaient prévus dans deux mois. D'après Alex, j'avais toutes mes chances. Il m'expliqua les facettes de ce travail. Il était content à l'idée que je puisse devenir sa collègue. Je commençais à y croire, à reprendre confiance. Entre temps, nous avons trouvé la petite maison au Mans où je vis encore actuellement. Grâce à Alain, l'agence accepta de me louer sans revenus. Quel soulagement après la signature du bail ! Nous allions avoir un toit à nouveau. Mais quel chambardement ! Alex déménagea au même moment et dut héberger son petit frère quelques jours dans son nouvel appartement. Moi je faisais les allers et retours chez la sœur d'Alain. Je ne voulais plus imposer ma présence à Alex.

Le jour de la rentrée scolaire de Salomon, je dormis dans un hôtel à proximité pour être à l'heure au collège.

Alex et Salomon se tenaient devant moi dans la cour en attendant l'appel. J'étais très émue de les voir tous les deux côte à côte. J'avais un lien très fort avec eux et ne faisais dorénavant aucune différence entre mes deux fils.

Alexandre était salué par beaucoup d'élèves qui le connaissaient bien. Cela rassura son petit frère qui, lui, ne connaissait ni les lieux ni aucun enfant. Quatre jours après la rentrée scolaire, nous emménagions enfin dans notre minuscule maison, Salomon et moi. Nous étions si heureux que même dormir par terre nous paraissait être un luxe.

Début octobre, je passai mon entretien d'embauche dans la boîte d'Alex. Je n'en menais pas large. Je ne connaissais rien à toutes ces nouvelles technologies. Mon seul atout ? La combativité, la foi en mon étoile et mes enfants. Je savais Alex non loin qui pensait fort à moi et m'envoyait des ondes positives. Il me fallait ce poste.

J'ai tellement bien réussi les tests et mes réponses à l'entretien étaient si perspicaces que l'employeur crut que j'avais triché. Comme si mon fils avait pu connaître à l'avance les réponses et me les communiquer. Ce fut donc négatif. Je n'arrivais pas à le croire, mais je ne réagissais même plus. Alex alla défendre ma cause auprès de son superviseur et lui fit part de l'injustice dont j'avais été victime. Je fus touchée encore par sa démarche. Surtout qu'Alexandre avait su les toucher par ses mots justes. On finit par me rappeler et me proposer de participer à la prochaine session de tests. Et j'acceptai, bien sûr, avec une grande joie.

J'ai dû faire mes preuves dans ce travail éreintant. Il fallait au plus vite dépanner les personnes en panne d'Internet ou de télévision, vérifier l'état des lignes et le débit à l'aide de logiciels, faire des essais en direct avec la personne au téléphone… Je pouvais commencer à 8 h le matin, finir à 12 h, reprendre à 16 h et finir à 20 h, et le temps de pause était compté à la seconde près. Alex s'est chargé de ma formation en dehors des heures de travail. Il n'a pas ménagé son temps afin que je sois plus à l'aise et efficace. Lorsque je suis arrivée les premiers jours dans l'entreprise, j'étais sensible à ses attentions, il faisait tout pour que je m'intègre. Je sentais de la fierté dans sa voix chaque fois qu'il me présentait à l'un de ses collègues.

J'ai rempli ma mission dans ce travail du mieux que j'ai pu. Parce que je voulais aussi remercier mon fils. Parce que c'était une façon d'effacer mon rejet qui l'avait empêché d'être authentique et de vivre sereinement pendant toutes ces années.

J'ai été appréciée dans cette entreprise par les employés. J'étais devenue la maman de l'équipe. J'ignorais si nos collègues savaient qu'Alexandre était homosexuel, mais j'avais pris la décision d'en parler sans aucun tabou. Je n'ai jamais eu de réflexions ni de remarques. J'en étais vraiment heureuse. Même s'il y avait des silences, de la gêne ou de la surprise parfois, pour moi c'était devenu presque naturel d'en parler quand le sujet se présentait.

Notre combat

Nous sommes en janvier 2013. Après mon contrat de six mois dans l'entreprise d'assistance téléphonique, je suis de nouveau en recherche d'emploi pour m'assurer une stabilité financière. J'espère pouvoir reprendre un jour une activité dans la relation d'aide, car je me sens à ma place dès qu'il s'agit d'épauler les autres. En attendant, je vais à l'essentiel pour assurer une vie décente à Salomon. Ce n'est pas toujours facile sans ressources. Mais je suis une femme apaisée. Le regard que je porte sur l'homosexualité est aujourd'hui totalement neutre. Je n'y prête plus attention. Cela fait tout simplement partie de la vie.

Quant à Alexandre, il n'a pas eu le temps de souffler. Son contrat d'opérateur téléphonique à peine terminé, le voilà embauché dans une société d'assistance. Il est heureux dans son appartement et semble être très apprécié par ses collègues dont beaucoup sont devenus des amis. Sa vie sociale est bien remplie. Je suis fière de lui et du courage dont il fait preuve pour se faire une place dans la société.

Il m'avait vaguement expliqué en fin d'année qu'il désirait adhérer à une association, mais je n'y avais pas prêté attention. J'étais trop préoccupée par mes recherches d'emploi. Il voulait militer avec d'autres personnes contre toute forme de discrimination.

En janvier dernier, il m'invite à le rejoindre un après-midi pour visiter les locaux de l'association Homogène dont il vient d'accepter le rôle de secrétaire. Il semble tellement ravi et enthousiaste à l'idée d'assumer ce poste que j'accepte surtout pour lui faire plaisir. J'ai pensé à ce moment-là qu'il désirait partager avec moi un peu de son quotidien et me sortir de ma solitude. Un petit coup d'œil sur internet pour voir ce que cette association propose et je comprends mieux les raisons de son adhésion. Elle accueille des personnes qui s'interrogent sur leur orientation sexuelle, participe à des actions de prévention sur le thème du VIH et intervient également dans des établissements scolaires afin de sensibiliser les collégiens et les lycéens à l'homophobie… On y propose des activités sportives, des sorties au restaurant, des expositions et surtout des rencontres autour de débats. Je me dis qu'Alex a eu une excellente idée. Je n'imaginais pas à cet instant que cette association occuperait une grande place dans ma vie.

Je me disais qu'il faudrait que je fasse comme lui. M'engager à nouveau auprès de personnes partageant la même idéologie que moi me motiverait. Cela faisait cinq ans que je souhaitais m'investir dans une association en soins palliatifs.

Nous nous retrouvons au local en plein centre-ville. L'endroit est spacieux et chaleureux, il y a toutes les couleurs de l'arc-en-ciel évidemment. Beaucoup de livres à disposition, un petit coin buvette très convivial avec un salon pour discuter. Je prends plaisir à découvrir toutes ces belles affiches sur les murs des événements futurs mais aussi passés : les films projetés lors de la « ciné pride » et les auteurs ou acteurs présents pour débattre ; les rendez-vous d'Homogène sur Radio Alpa, la radio locale du Mans, le mercredi soir tous les quinze jours. Alexandre est bien dans sa peau et épanoui. Il m'explique un peu l'historique de cette association qui fête ses 17 ans et qui a trouvé un soutien dans la municipalité du Mans. Cette dernière s'est engagée il y a dix ans à respecter une charte d'accueil et de protection anti-homophobie. Elle est la première ville de France à l'avoir fait, suivie de cinquante autres. Les commerçants adhérents de cette charte affichent un petit macaron indiquant qu'aucun comportement homophobe ne sera toléré au sein de leur établissement. Alexandre m'impressionne par sa confiance en lui. Pour la première fois, je vois mon fils à sa place à s'exprimer sur un sujet qui lui tient à cœur : l'homophobie.

Je suis confortablement assise sur un canapé. Lui est debout devant moi à me parler des actions menées par les adhérents pour lutter contre le suicide, conséquence du rejet des proches très souvent. L'envie de lui parler de ma réaction me vient spontanément : « Tu sais Alex, je trouve que c'est important ce que vous faites. Quand tu vois comment moi j'ai réagi alors que tu sais tout l'amour que je te porte ! Je peux facilement imaginer des réactions encore plus violentes. Ce que j'ai compris, et ce que l'on ignore alors, c'est qu'il y a derrière cette réaction un manque de confiance en soi. Il y a des peurs qui nous font riposter ainsi pour ne pas s'y confronter. Mon travail thérapeutique de l'époque m'a aidée, mais j'aurais tellement aimé rencontrer des personnes qui vivaient la même chose que moi à ce moment-là. Cela m'aurait été bénéfique, j'en suis certaine. Au fond, ce n'est pas vraiment l'homosexualité qui m'a gênée. En vérité, c'était ta différence. Cette différence qui m'était totalement inconnue. Et tout ce qui est inconnu ne rassure pas, bien au contraire. Mais si l'on a confiance en soi, peu importe que l'autre soit noir, blanc, petit, laid, homo ou autre ! Cela n'a aucune importance. C'est comme ça que je le vis maintenant. Je vais même plus loin encore aujourd'hui grâce à toi. Si l'autre n'est pas d'accord avec moi, je ne vois pas l'intérêt de le convaincre. À partir du moment où l'un comme l'autre nous sommes dans le respect, tout est possible. »

Alexandre, assis à mes côtés, m'écoute attentivement, un sourire paisible flotte sur ses lèvres. « Maman, j'aimerais justement que tu témoignes de tout cela. Tu es l'exemple même du chemin vers l'acceptation. C'est pour cela que je t'ai demandé de venir aujourd'hui. J'avais ma petite idée en tête déjà. Avec ton savoir-faire dans l'accompagnement des autres, tu es vraiment la personne idéale pour aider les proches, les parents, toute personne qui rencontre des difficultés à accepter. Pas seulement les homosexuels, mais aussi les bisexuels, les transsexuels, bref toutes les différences. Qu'est-ce que tu en penses ? »

Au fur et à mesure que je l'écoute, tout un tas de souvenirs et de sentiments liés à mon refus me reviennent en mémoire. Je me revois dans la voiture à la gare, regardant Alexandre et Vincent s'éloigner avec cette impression d'être une mauvaise mère. Cette image me restera gravée jusqu'à la fin de ma vie, et ce malgré tout le chemin parcouru, je le sais. C'était de l'amour égoïste. Je ne l'aimais pas vraiment pour lui, mais plutôt pour moi. Je regarde mon fils droit dans les yeux et lui réponds : « Cela serait pour moi un immense plaisir. J'en ai eu l'envie déjà plusieurs fois, après des consultations en cabinet. Je ne t'en ai jamais parlé, je ne le pouvais pas à cette époque. Oui, j'accepte avec beaucoup de fierté. C'est un beau cadeau que tu me fais, surtout après toutes les erreurs que j'ai pu commettre. » Nous sommes tellement contents tous les deux que nous nous prenons dans les bras l'un de l'autre. « Tu sais, maman, des erreurs, on en fait tous. Toi, tu sais en tirer des leçons de façon remarquable, je t'assure. Des mères comme toi, beaucoup en rêverait ! » Que d'émotions ! Peut-être devions-nous passer par là pour pouvoir mieux aider les autres à dépasser les mêmes difficultés.

Alex me propose d'entrer en contact avec une maman tout comme moi membre de l'association. Son fils, qui est aussi homosexuel, vit à l'étranger. Il est certain que nous nous entendrons bien.

J'ai adoré parler avec cette personne, qui avait très bien accepté et vécu le *coming out* de son fils. C'était très enrichissant. Nous avons témoigné ensemble sur une radio locale qui avait immédiatement été intéressée par notre projet et nous avait invitées à en discuter. Ce jour-là, mon fils m'a accompagnée dans le studio. Ce fut un moment extrêmement fort pour moi. J'ai parlé avec mon cœur sans chercher à convaincre. J'étais portée par ma sincérité et ma vérité. Notre vérité à tous les deux. Après l'interview, Alexandre m'a embrassée et dit : « Vraiment, bravo maman, tu as été très touchante. Je suis fier de toi. Merci. » En riant, je lui ai répondu : « Dès qu'on nous met un micro entre les mains, il y a un truc qui s'enclenche tout seul, ce doit être génétique. » Quelle belle complicité, cela aurait toujours dû être ainsi.

Céline, qui est vice-présidente de la communication et de la sécurité au sein de l'association, nous informe que la presse locale désire également faire un papier sur la naissance du groupe de parole. La journaliste nous donne rendez-vous dès le lendemain au local de l'association pour faire un portrait de l'une des mamans. Il faut faire vite, car elle n'a pas d'autres créneaux à nous proposer. Ce sera donc moi.

J'avais oublié quand l'article devait paraître. Jusqu'à ce que je reçoive un sms de mon fils un matin à 7 h 30. « Impossible de ne pas te voir dans le journal ce matin. C'est un beau portrait. »

Son effet a été très positif pour le groupe de parole qui démarrait le mois d'après et a attiré des personnes ayant besoin d'échanger.

*

*   *

Le premier groupe a eu lieu au moment des manifestations contre le mariage pour tous. En tant que parents, nous nous sommes sentis réconfortés d'être ensemble, mais nous avons aussi été très conscients que nous devions être les premiers à montrer l'exemple de la tolérance. Si nous l'acceptons et vivons naturellement avec, alors les autres le vivront aussi beaucoup plus naturellement.

J'ai été touchée par la présence de personnes d'un certain âge, bien plus tolérantes que certains jeunes. Que de belles surprises avec ce groupe de parole ! Nous arrivons même à rire de nos a priori stupides, de nos peurs passées…

Lorsque j'ai commencé à écrire ce livre, j'ai rassemblé ma famille pour leur annoncer mon projet. Tout le monde était heureux. Puis mon petit frère m'a demandé quel était le thème. « Le cheminement d'une mère vers l'acceptation de l'homosexualité de son fils. » Ma mère a été la seule à se montrer gênée. Elle a tenté de changer de sujet tout de suite. Un vieux réflexe pour fuir ce qui dérange. Je voulais que l'on puisse tous en discuter si besoin. Je comprends que ma propre mère ait été surprise. Aujourd'hui, elle n'en parle pas, mais elle sait.

Un samedi de soutien contre l'homophobie, je suis venue gonfler au moins 150 ballons à l'hélium pour un lâcher symbolique sur la place de la République, au Mans. Comme souvent, je viens donner un coup de main sans savoir à l'avance ce que je vais faire. Mehdi, le représentant de l'association SOS Homophobie, demande à Alexandre si quelqu'un de l'association Homogène désire parler à l'assemblée. Alex est le seul à se proposer parmi les personnes présentes. Personnellement, je ne suis pas militante. Mais Mehdi et Alex pensent qu'il serait bien qu'une voix féminine prenne la parole pour représenter les femmes. Personne ne se propose. Je n'ai pas réfléchi un seul instant et me suis portée volontaire. Tout compte fait, c'était plutôt bienvenu qu'une femme hétérosexuelle puisse s'exprimer sur le sujet aussi. J'ai pris le micro et laissé mon cœur parler. Si on me l'avait prédit dix ans plus tôt, je crois que je n'y aurais pas cru.

Le petit clin d'œil de l'histoire, c'est que Jo était présent. Je ne l'avais pas vu. Il est venu me voir pour me féliciter. C'était touchant.

Un autre moment fort et symbolique : entre l'écriture de deux chapitres de ce livre, j'ai proposé mon aide pour la *gay pride* du Mans. Je ne savais pas encore ce que j'allais y faire. Il faisait un temps magnifique. Durant le trajet, j'ai eu une petite appréhension. Comment allais-je être perçue ? C'est quoi en fait une *gay pride ?* Je pensais à toute l'énergie que mon fils avait consacrée à cet événement et je cessai de me poser des questions. Je me suis occupée de la buvette. Il y avait pire comme mission. Cela a été un endroit très stratégique pour rencontrer du monde.

J'ai découvert un esprit communautaire très fort. Je me suis sentie bien parmi toutes ces personnes. J'ai trouvé certains transsexuels très beaux et très féminins. Contrairement à ce que l'on peut croire, il y avait aussi de nombreux hétéros, des mères de familles avec leurs enfants, des papas, des grands-mères. Je me suis sentie à ma place et parmi les miens, avec des gens authentiques, vrais, tout simplement. Nous nous acceptions tous sans condition. J'ai compris que c'était mon idéal depuis toujours, belle expérience humaine !

*

* *

11 ans tout juste après ton aveu. Je voudrais tant que tu me pardonnes. Est-ce possible ? Je comprendrais que non et l'accepte totalement. Tout ce courage dont tu as fait preuve pour être libre et vivre dans le respect de toi-même m'émeut encore plus aujourd'hui. J'en mesure tout le chemin. Je t'ai vu vivre dans la souffrance après mon refus de t'accepter tel que tu es. Tu as encore eu cette pudeur de te cacher pour pleurer, de tout garder en toi. J'admire cette force que tu as eue de ne rien dire pour ne pas me blesser avant ton aveu. J'aime aussi celle que tu as trouvée pour me faire face. J'aurais dû être fière de ce courage dont tu as fait preuve et que je n'ai pas. Je suis fière de qui tu es mon fils parce que tu es intègre et honnête. Tu as supporté mon intolérance avec beaucoup d'amour et de silence.

Ta souffrance a dû être grande puisqu'égale à ton amour. J'ai honte de ce que j'ai pu ressentir envers toi et de t'avoir fait vivre ce fameux week-end. Par ce livre, je ne réparerai rien de ce que tu as pu endurer par moi, je le sais. Si seulement il pouvait te permettre d'apaiser un peu la blessure que je t'ai infligée et que tu ne m'as jamais reprochée. Je devine cette plaie béante inscrite en toi.

Alex, mon fils, tu m'as montré le chemin vers la tolérance, la vraie. Celle où il n'y a pas de jugement, pas de projection sur l'autre. Tu te bats pour un monde de bienveillance, où chacun a droit à sa place. Je suis fière d'être à tes côtés dans ta lutte. Je me dis que j'ai de la chance d'être ta mère et de pouvoir témoigner de tout cela grâce à toi.

Je t'aime mon fils, tel que tu « es » maintenant.

J'ai écrit cette lettre en juillet dernier après avoir reçu un sms d'Alexandre, le lendemain de sa deuxième intervention chirurgicale. Opéré en mars 2013 pour un cancer de la thyroïde, on lui ôtera un nodule malin d'environ 7 cm sur le côté gauche. Mais en juillet, il dut subir l'ablation totale du côté droit, touché lui aussi. Ce fut encore un choc pour moi. Voici son sms :

Je viens à peine de le réaliser en écoutant une vieille chanson : le 10 juillet, date de mon opération, il y a 11 ans jour pour jour, c'était aussi un mercredi, je quittais Vincent sur un quai de gare, la gorge prête à exploser d'une tristesse qui ne me quittera pas. Depuis, j'ai appris à aimer les éclaircies. J'ai appris à faire avec, ou plutôt sans. Que ne puis-je pas devenir maintenant que ma tristesse m'a abandonné ?

Une heure après ce sms, il m'appelle. Je fonds en larmes au téléphone, incapable de lui parler :

– Qu'est-ce qui se passe maman ?

– C'est ton sms. Je te demande pardon. Pardon pour tout le mal que je t'ai fait. Je ne peux oublier ce jour. En tant que mère, je ne peux pas concevoir que j'ai pu agir ainsi avec toi.

Il répond : « Ça fait longtemps que j'attends ce moment, Maman. Je t'ai pardonné. J'ai compris tout de suite et j'ai pardonné. Je t'en ai énormément voulu, et pendant longtemps, c'est vrai. Ce travail et ce chemin que tu as réalisés m'ont énormément aidé. J'ai voulu te dire qu'aujourd'hui ma tristesse s'en est allée avec ce cancer et que je peux tout devenir maintenant. »

C'était juste ce petit bout de chemin qui me restait à faire, et c'est encore lui qui a fait le premier pas…

*

*   *

Aujourd'hui, Alexandre travaille dans une entreprise qui porte assistance dans le monde entier. Quelle importance que l'opérateur ou l'opératrice ait une orientation sexuelle différente ? Il s'agit d'un être humain qui porte secours à un autre être humain, sans aucune distinction.

Alexandre est président de l'association Homogène qui lutte contre toute forme de discrimination, et pas uniquement sexuelle. Son désir est de réunir les hommes et les femmes, quels qu'ils soient, en agissant au niveau local, parce qu'il est convaincu que c'est par le biais des associations et de leur proximité que l'on touche le plus les personnes qui sont dans le besoin.

Sa philosophie le porte à aider les autres à se débarrasser de leurs peurs et à être dans le respect de l'autre.

Pour lui, aujourd'hui, la pire des brimades est d'humilier l'autre sans chercher à le comprendre. Il ne vit pas du tout l'homosexualité comme une fierté, ni comme un secret.

Une dernière chose en ce qui me concerne. Si Alexandre devait m'apprendre aujourd'hui qu'il était hétéro, je ne trouverais pas cela normal. Incroyable, non ?

Je ne me croyais pas capable d'écrire un livre sur le sujet. On me l'a proposé comme une évidence. J'espère de tout cœur que ce livre, comme la flamme d'une chandelle, telle une lueur d'espoir dans l'obscurité, encouragera de nombreuses personnes à allumer d'autres bougies.

Remerciements

À mes enfants : Alexandre, Mélissa et Salomon, pour leur totale confiance, leur respect et leur amour inconditionnel pour l'écriture de ce livre.

À Laurent Briot, pour la qualité de son aide face à mon apprentissage d'écrivain et ses précieux conseils lors des relectures.

À Yves Michalon et son équipe, pour cette intuition qu'il a su avoir sur moi et pour m'avoir convaincue avec un grand respect que je saurai transmettre.

À Julie, pour sa gentillesse et son soutien chaleureux.

À Mathilde Belaud, pour son travail remarquable de journaliste locale au Mans sans qui le projet de ce livre n'aurait pas existé.

À toutes les personnes citées dans ce livre pour leur accord : Alain, Richard, Marc, Myriam, Jo, Pascal, Michel, Phil, Jean-François, ma mère.

À Gilbert, qui rêvait de me voir écrire un livre pour aider les autres avant qu'il ne quitte ce monde.

À vous, qui avez lu ce livre.

Table des matières

Imprimé en France
par Corlet Imprimeur

Mise en page : SIR
Dépôt légal : Novembre 2013
N° d'édition : 717
N° d'impression : 159796